通关 TOPIK Ⅰ

初级语法

[韩] 安辰明　李炅雅　韩厚英　编著
凌恩英　译

北京语言大学出版社
BEIJING LANGUAGE AND CULTURE UNIVERSITY PRESS

社图号 22028

北京市版权局著作权合同登记图字：01-2023-1462 号

图书在版编目（CIP）数据

通关 TOPIK I 初级语法 /（韩）安辰明，（韩）李灵雅，（韩）韩厚英编著；凌恩英译．-- 2 版．-- 北京：北京语言大学出版社，2023.8
ISBN 978-7-5619-6089-9

Ⅰ．①通… Ⅱ．①安… ②李… ③韩… ④凌… Ⅲ．①朝鲜语－语法－水平考试－自学参考资料 Ⅳ．① H554

中国版本图书馆 CIP 数据核字（2022）第 135204 号

通关 TOPIK I 初级语法

TONGGUAN TOPIK I CHUJI YUFA

排版制作：北京创艺涵文化发展有限公司
责任编辑：刘　茜
责任印制：周　燚

出版发行：北京语言大学出版社
社　　址：北京市海淀区学院路 15 号，100083
网　　址：www.blcup.com
电子信箱：service@blcup.com
电　　话：编 辑 部　8610-82300087/0358/1019
国内发行　8610-82303650/3591/3648
北语书店　8610-82303653
网购咨询　8610-82303908
印　　刷：北京富资园科技发展有限公司

版　　次：2023 年 8 月第 1 版　　印　　次：2023 年 8 月第 1 次印刷
开　　本：787 毫米 × 1092 毫米　1/16　　印　　张：22.5
字　　数：401 千字　　定　　价：55.00 元

PRINTED IN CHINA
凡有印装质量问题，本社负责调换。售后 QQ 号 1367565611，电话 010-82303590。

前　言

在教授韩国语和辅导学生准备TOPIK考试的过程中，我们经常听到学生说韩国语难学。韩国语的词尾和助词不光数量多，而且使用规则相对复杂，因此即便是学习高级阶段内容的学习者也经常会犯一些语法错误。比如，有些语法规则虽然意思比较接近，但是语气上存在细微差异，如果不仔细区分，造出的句子就会非常别扭；或者虽然某些语法规则用对了，但是由于它们在使用时有一定的限制条件，因此也很容易出现病句。很多学生都问有没有专门学习韩国语语法的书。他们需要一本包括常用语法在内，并且对相似语法规则进行对照说明，可以有效应对TOPIK考试的语法书。但是面向外国学习者的韩国语教材大部分都是综合性教材，因此，学习者很难找到一本适合专门学习语法的书。一些想深入学习韩国语语法的学生有时会看一些针对韩国人编写的语法书，但是这些书中的说明和例句都比较复杂，有些甚至连韩国人都很难理解。在这种情况下，作为教师，我们常常感到十分内疚，也很遗憾。

编写本书的出发点正在于此。本书中收集整理的语法规则都出自韩国大学或培训学校使用的韩国语教材，因此基本上涵盖了TOPIK考试最为核心的、高频的语法点。本书对于用法和意思比较接近的语法规则都进行了比较分析，便于学习者区分。这样，学生们在整理相近语法规则的同时还可以学会用不同的表达方式表达同一个意思。此外，在很多情况下，如果只知道意思而不知道使用限制条件也会造出一些不通顺的句子，因此本书对于使用时的注意事项也进行了说明。

希望本书可以让那些对韩国语语法学习感到头疼的学习者轻松掌握语法规则，同时也希望学习者通过学习本书能够说出更加地道、准确的韩国语。此外，我们也真诚地希望本书也能够为教授韩国语语法的一线教师提供一些帮助。

得知本书要出版中文版，我们非常高兴。想到除了韩国的韩国语学习者，中国的韩国语学习者也将看到我们的书，我们非常兴奋。希望想学习韩国语和正在学习韩国语的中国学习者在本书的帮助下能够更加轻松地学习韩国语；也希望在中国众多韩国语学习者的努力下，中韩两国的友谊更加深厚、久远。

最后，衷心地感谢为本书出版而付出努力的全体编辑人员。尽管本书在出版过程中遇到了很多困难，但是他们一直尽最大努力工作。另外，对于担任本书翻译工作以及对本书提出各种建议的学生和同人，我们也表示衷心的感谢。

编　者

本书使用方法

小标题

“N”表示“名词”，“A”表示“形容词”，“V”表示“动词”。例如，“A/V-(으) ㄹ 때”表示该语法规则只能与形容词和动词结合。通常只与动词结合使用的语法规则如果与形容词结合使用，就会产生病句。因此，为了防止这种错误的发生，本书在标题中就标明了适用的词类。

03 못 V-아/어요 (V-지 못해요)

扫码获取音频与答案

29

저는 수영을 못해요.
= 저는 수영하지 못해요.
我不会游泳。

오늘은 술을 못 마셔요.
= 오늘은 술을 마시지 못해요.
我今天不能喝酒。

저는 노래를 못 불러요.
= 저는 노래를 부르지 못해요.
我不会唱歌。

语法解析

表示主语没有能力做某事或者由于某些客观原因而导致主语的意志不能实现，相当于“不能”。可以在动词前接“못”，也可以在动词词干后接“-지 못해요”。对于“名词+ 하다”形的词来说，要在名词后加“못”，以“名词+ 못하다”的形式出现。（参考：单元 6 能力与可能性 01 V-(으)ㄹ 수 있다/없다）

못 + 가다 → 못 가요　　가다 + -지 못해요 → 가지 못해요
못 + 요리하다 → 요리 못해요 (√) 못 요리해요 (×)

原形	못 -아/어요	-지 못해요
타다	못 타요	타지 못해요
읽다	못 읽어요	읽지 못해요
숙제하다	숙제 못 해요	숙제하지 못해요
*쓰다	못 써요	쓰지 못해요
*듣다	못 들어요	듣지 못해요

* 不规则变化

导入例句

在学习每一个语法规则之前，都会先给出几个例句，同时附上插图，以便学习者预先揣摩该语法规则的含义。这些例句都是日常生活中常用的句子。插图直观地呈现出对话语境，可以增强学习过程的趣味性。

语法解析

解释相关语法规则，同时列出使用时的一些限制条件，从而帮助学习者避免在使用过程中出错。有时会以图表的形式列出学习者容易犯的错误，从而使学习者轻松掌握。

• “√”表示“正确”，“×”表示“错误”。

音频

对话提供音频，扫描每课前的二维码即可在线收听。

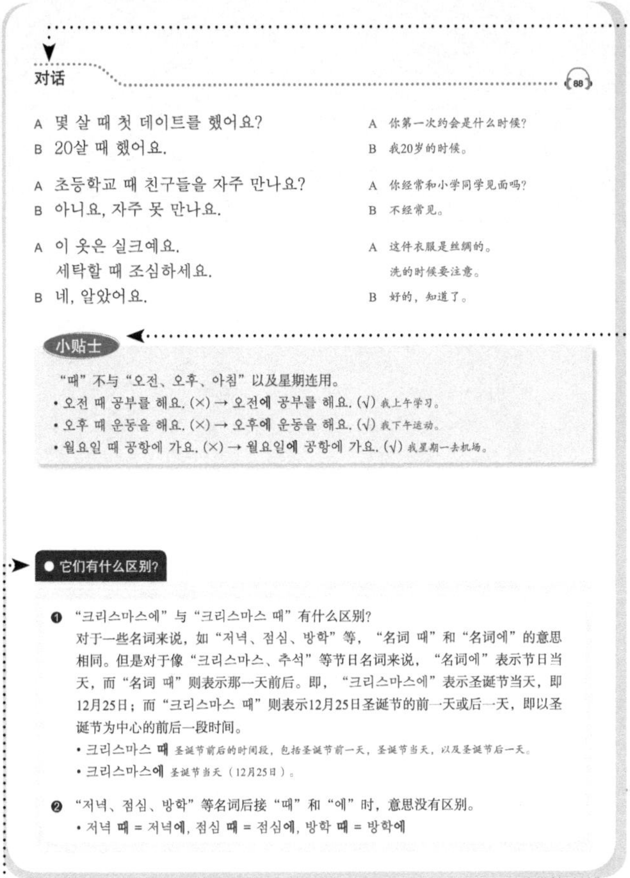

对话

A 몇 살 때 첫 데이트를 했어요?
B 20살 때 했어요.

A 你第一次约会是什么时候?
B 我20岁的时候。

A 초등학교 때 친구들을 자주 만나요?
B 아니요, 자주 못 만나요.

A 你经常和小学同学见面吗?
B 不经常见。

A 이 옷은 실크예요.
세탁할 때 조심하세요.
B 네, 알았어요.

A 这件衣服是丝绸的。
洗的时候要注意。
B 好的，知道了。

小贴士

"때"不与"오전、오후、아침"以及星期连用。
• 오전 때 공부를 해요. (×) → 오전에 공부를 해요. (√) 我上午学习。
• 오후 때 운동을 해요. (×) → 오후에 운동을 해요. (√) 我下午运动。
• 월요일 때 공항에 가요. (×) → 월요일에 공항에 가요. (√) 我星期一去机场。

● 它们有什么区别?

❶ "크리스마스에"与"크리스마스 때"有什么区别?
对于一些名词来说，如"저녁、점심、방학"等，"名词 때"和"名词에"的意思相同。但是对于像"크리스마스、추석"等节日名词来说，"名词에"表示节日当天，而"名词 때"则表示那一天前后。即，"크리스마스에"表示圣诞节当天，即12月25日；而"크리스마스 때"则表示12月25日圣诞节的前一天或后一天，即以圣诞节为中心的前后一段时间。
• 크리스마스 때 圣诞节前后的时间段，包括圣诞节前一天，圣诞节当天，以及圣诞节后一天。
• 크리스마스에 圣诞节当天（12月25日）。

❷ "저녁、점심、방학"等名词后接"때"和"에"时，意思没有区别。
• 저녁 때 = 저녁에, 점심 때 = 점심에, 방학 때 = 방학에

对话

让学习者在对话中进一步巩固前面所学的知识。这些句子不仅是为某个语法规则而造的句子，而且是日常生活中经常使用的简短对话。每一段对话都配有音频。

小贴士

学习者通过该部分可以了解到在相关语境中使用该语法规则时易犯的错误。这有助于学习者掌握正确用法并理解其在特定文化背景下的含义。

它们有什么区别?

比较在含义、用法及形态上相似或容易混淆的一些语法规则，打破了单纯罗列的学习方式，可以帮助学习者系统地学习相关语法规则。同时对相似语法规则在含义及用法上的差异进行说明，以便帮助学习者说出更地道的韩国语。

练习

让学习者通过习题检测自己是否真正理解了所学语法规则。这些练习题配有有趣的插图，类型多样，语言活泼，可以增强学习的趣味性。习题答案也可通过扫描每课前的二维码获得。

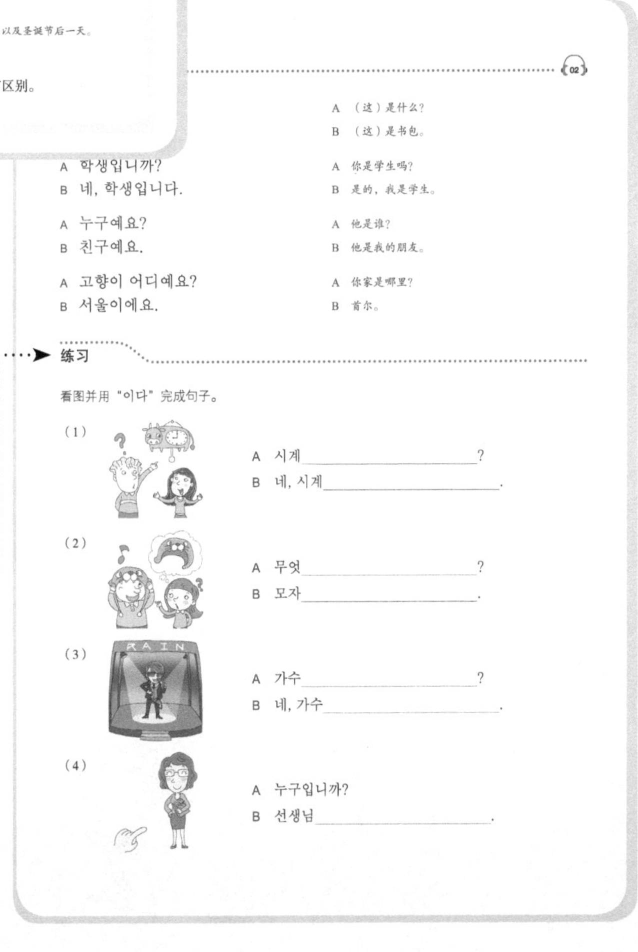

A （这）是什么?
B （这）是书包。

A 학생입니까?
B 네, 학생입니다.

A 你是学生吗?
B 是的，我是学生。

A 누구예요?
B 친구예요.

A 他是谁?
B 他是我的朋友。

A 고향이 어디예요?
B 서울이에요.

A 你家是哪里?
B 首尔。

练习

看图并用"이다"完成句子。

(1)
A 시계________?
B 네, 시계________.

(2)
A 무엇________?
B 모자________.

(3)
A 가수________?
B 네, 가수________.

(4)
A 누구입니까?
B 선생님________.

目 录

关于韩国语

01 韩国语的句子结构

02 动词和形容词的变化

03 句子的连接

04 句子的种类

05 敬语

01 韩国语的句子结构

韩国语的句子结构一般为“**主语+谓语（动词/形容词）**”或者“**主语+宾语+谓语（动词/形容词）**”。

캐럴이 가요.
主语 谓语
卡罗尔在走路。

캐럴이 자요.
主语 谓语
卡罗尔在睡觉。

에릭이 사과를 먹어요.
主语 宾语 谓语
埃里克在吃苹果。

에릭이 도서관에서 책을 읽어요.
主语 宾语 谓语
埃里克在图书馆看书。

和汉语不同，韩国语的句子成分不是由单词或短语在句子中出现的顺序决定的，而是要通过附加在单词或短语后的助词进行标记。比如，主语后一般会出现“이”或“가”，表示前边的内容是“主语”；宾语后一般会出现“을”或“를”，表示前边的内容是“宾语”。如果单词后出现“에”或“에서”，那么这个单词通常是句子的状语。（参考：单元3 助词）

에릭이	사과를	먹어요.
主语	宾语	

에릭이	도서관에서	책을	읽어요.
主语	状语	宾语	

谓语通常出现在句子的最后，而且主语、宾语、状语等的顺序通常会随着说话人意图的不同而有所改变。即使位置发生了变化，仍然可以通过单词后面出现的助词判断出哪个是主语，哪个是宾语。

사과를	에릭이	먹어요.
宾语	主语	谓语
苹果	埃里克	吃

책을	도서관에서	에릭이	읽어요.
宾语	状语	主语	谓语
书	在图书馆	埃里克	读

当主语明确时，主语往往会被省略。

A 에릭이 뭐 해요? 埃里克在干什么？
B (에릭이) 사과를 먹어요. （埃里克）在吃苹果。

A 어디에 가요? （你）去哪儿？
B 학교에 가요. （我）去学校。

02 动词和形容词的变化

韩国语中的动词和形容词可以根据时态、敬语法、被动态、使动态、语体等的不同而发生变化。动词和形容词通常由词干和词尾构成。其基本形是在具有单词词义的词干后加上“다”，也称为“词典形”。因此在查词典的时候可以看到像“가다（去）、오다（来）、먹다（吃）、입다（穿）”等形态的词。**动词和形容词发生形态变化时，词干不变，根据说话人的意图把“다”变成其他形态即可。**

● **动词**

<table>
<tr><th>基本形</th><td>갑니다 去，走
가（다）+-ㅂ니다（现在时尊敬阶词尾）</td></tr>
<tr><td rowspan="2">가 다
↑ ↑
词干 词尾
去，走</td><td>가십니다 去/走（对长辈或地位高的人使用）
가（다）+-시-（敬语）+-ㅂ니다（现在时尊敬阶词尾）</td></tr>
<tr><td>갔습니다 走了/去了
가（다）+-았-（过去时态）+-습니다（现在时尊敬阶词尾）</td></tr>
</table>

● **形容词**

<table>
<tr><th>基本形</th><td>좋습니다 好
좋（다）+-습니다（现在时尊敬阶词尾）</td></tr>
<tr><td rowspan="2">좋 다
↑ ↑
词干 词尾
好</td><td>좋았습니다 好
좋（다）+-았-（过去时态）+-습니다（现在时尊敬阶词尾）</td></tr>
<tr><td>좋겠습니다 应该挺好的
좋（다）+-겠-（推测）+-습니다（现在时尊敬阶词尾）</td></tr>
</table>

03 句子的连接

韩国语中，句子的连接方式主要有两种：一种是**使用接续副词**，如“그리고（并且）、그렇지만（但是）、그래서（因此，所以）”，另一种是**使用连接词尾**。

使用接续副词时，只在句子和句子之间使用即可。使用连接词尾时，要在前一个句子的动词或形容词词干后添加连接词尾。

（1）并且

使用接续副词	바람이 **불어요. 그리고** 추워요. （今天）不但刮风，而且还很冷。
使用连接词尾	바람이 **불고** 추워요. （今天）不但刮风，而且还很冷。

（2）但是

使用接续副词	김치는 **맵습니다. 그렇지만** 맛있습니다. 泡菜虽然很辣，但是很好吃。
使用连接词尾	김치는 **맵지만** 맛있습니다. 泡菜虽然很辣，但是很好吃。

（3）因此/所以

使用接续副词	눈이 **와요. 그래서** 길이 많이 막혀요. 下雪了，所以路上很堵。
使用连接词尾	눈이 **와서** 길이 많이 막혀요. 下雪了，所以路上很堵。

04 句子的种类

韩国语中的句子一般可分为**陈述句**、**疑问句**、**命令句**和**共动句**四类。韩国语的语体一般分为**格式体**、**非格式体**和**平语体**三大类。

格式体"-(스)ㅂ니다"通常用于军队、新闻、发言、会议、讲座等正式场合。**非格式体**"-아/어요"是在日常生活中使用较多的尊敬语形态。与格式体相比，其语气更加柔和，也显得不那么正式，因此在家人或朋友等比较亲近的人之间通常使用这种语体。对于格式体来说，陈述句、疑问句、命令句、共动句的形态各不相同，但是非格式体则不然，没有陈述句、疑问句、命令句、共动句等形态上的区别，通常可以根据对话的情景和语气的不同进行区分。因此，相比之下，非格式体更加简单。**平语体**"-아/어"主要用于亲密的朋友、高年级学生对低年级学生、家人、长辈对晚辈或上级对下级之间。陌生人之间或非亲密关系之间使用平语体会显得很不礼貌。只要去掉格式体中的"요"就可以变成平语体。

(1) 陈述句

陈述句主要用于说明某件事或回答某个问题。（参考：单元1 时态 01现在时态）

① 格式体

格式体陈述句要在词干后加“-(스)ㅂ니다”。

- 저는 학교에 **갑니다**. 我去学校。
- 저는 빵을 먹**습니다**. 我吃面包。

② 非格式体

非格式体陈述句要在词干后加“-아/어요”。

- 저는 학교에 **가요**. 我去学校。
- 저는 빵을 먹**어요**. 我吃面包。

(2) 疑问句

疑问句主要在提问时使用。（参考：单元1 时态 01现在时态）

① 格式体

格式体疑问句要在词干后加“-(스)ㅂ니까？”。

- 학교에 **갑니까**? 你去学校吗?
- 빵을 먹**습니까**? 你吃面包吗?

② 非格式体

非格式体疑问句要在词干后加“-아/어요？”。它在形态上与陈述句一样，只是在句末使用升调并添加问号。

- 학교에 **가요**? 你去学校吗?
- 빵을 먹**어요**? 你吃面包吗?

(3) 命令句

命令句主要在命令别人或给别人提出建议时使用。（参考：单元7 命令与义务，允许与禁止 01 V-(으)세요）

① 格式体

格式体命令句要在词干后加“-(으)십시오”。

- 공책에 쓰**십시오**. 请写在笔记本上。
- 책을 읽으**십시오**. 请看书。

② 非格式体

非格式体命令句可以像其他句子一样在词干后加“-아/어요”，但是“-(으)세요”更能给人一种尊敬的感觉，所以最好使用“-(으)세요”。

- 공책에 쓰**세요**. 请写在笔记本上。
- 책을 읽으**세요**. 请看书。

(4) 共动句

共动句主要用于提议做某事或同意某人的提议。（参考：单元12 征求意见与提出建议 03 V-(으)ㅂ시다）

① **格式体**

格式体共动句要在词干后加“-(으)ㅂ시다”。“-(으)ㅂ시다”主要用于听话人比说话人年龄小或者二者年龄、地位相当的情况。当对方是说话人的长辈或上级时，则不可以使用这种词尾，否则会显得没有礼貌。

- 11시에 만**납시다**. 我们11点见面吧。
- 여기에서 점심을 먹**읍시다**. 我们在这里吃午饭吧。

② **非格式体**

非格式体共动句与非格式体的其他句子形态一样，要在词干后加“-아/어요”。

- 11시에 만**나요**. 我们11点见面吧。
- 여기에서 점심을 먹**어요**. 我们在这里吃午饭吧。

下面以动词“가다（去，走）”为例总结上述内容。其中每个句子都省略了主语，这些句子可以根据语境或上下文理解。

句子类型	格式体	非格式体
陈述句	갑니다.	가요. ↘（我）走。（我）正在走。
疑问句	갑니까?	가요? ↗（我们）走吗?
命令句	가십시오.	가세요. ↓ 走!
共动句	갑시다.	가요. → 我们走吧。

（※ 箭头表示句尾语调的上升、下降或不变.）

05 敬语

由于受儒家思想的影响，韩国人会根据对话双方的年龄、家庭关系、社会地位、亲属关系等选择是否使用敬语。

（1）对句子主语的尊敬

当句子主语比说话人年龄大，或是家中的长辈，或是社会地位高的人时，要使用敬语。通常是在形容词或动词词干后添加表示尊敬的“-(으)시-”。当动词词干以元音结尾时，后面添加“-시-”；当以辅音结尾时，则添加“-으시-”。

가다 去，走

가 + **-시-** + -ㅂ니다 → 가**십**니다

가 + **-시-** + -어요 → 가**세**요

가 + **-시-** + -었어요 → 가**셨**어요

가 + **-시-** + -(으)ㄹ 거예요 → 가**실** 거예요

읽다 读

읽 + **-으시-** + -ㅂ니다 → 읽**으십**니다
읽 + **-으시-** + -어요 → 읽**으세**요
읽 + **-으시-** + -었어요 → 읽**으셨**어요
읽 + **-으시-** + -(으)ㄹ 거예요 → 읽**으실** 거예요

- 선생님께서 한국말을 가르치**십**니다. 老师教韩国语。
- 아버지께서는 작년에 부산에 가**셨**어요. 爸爸去年去釜山了。

（2）对听话人的尊敬

当听话人比说话人年龄大或者社会地位高时，以及双方年龄相当或听话人比说话人年龄小但是双方没有亲属关系时，要使用敬语。这时可以通过不同的终结词尾表达不同的尊敬程度。格式体、非格式体、平语体即是这种敬语表达方式的三种形态。（参考：关于韩国语 04 句子的种类）

도와주셔서 감사**합니다**. 格式体
도와주셔서 감사**해요**. 非格式体
도와주서 고마**워**. 平语体

（3）其他敬语表达方式

① 有些动词不是通过在动词词干后加“-(으)시-”，而是通过变为其他动词表示尊敬。

原形	敬语	原形	敬语
자다 睡	주무시다	죽다 死	돌아가시다
말하다 说	말씀하시다	데려가다 带走	모셔가다
먹다 吃	잡수시다/드시다	있다 在	계시다
마시다 喝	드시다	있다 有	있으시다

- 어머니께서 집에 안 **계세요**. 妈妈不在家。
- 내일 시간 **있으세요**? 您明天有时间吗?

② 使用具有尊敬含义的词。

原形	敬语	原形	敬语
나이 年龄	연세	생일 生日	생신
말 话	말씀	집 家	댁
밥 饭	진지	이름 名字	성함
사람 人	분	아내 妻子	부인

- 할아버지, **진지** 잡수세요. 爷爷，请吃饭吧。

• **부인**께서도 안녕하십니까? 您夫人也还好吧?

③ 在人称代词后添加表示尊敬的助词。

이/가 → 께서　　은/는 → 께서는　　에게(한테) → 께

• 동생**이** 친구에게 선물을 줍니다. 弟弟给朋友送了礼物。
할아버지**께서** 친구에게 선물을 주십니다. 爷爷给朋友送了礼物。

• 저**는** 딸기를 좋아해요. 我喜欢草莓。
할머니**께서는** 딸기를 좋아하세요. 奶奶喜欢草莓。

④ 在人称代词后加后缀"-님"表示对某个人的尊敬。

原形	敬语	原形	敬语
선생 老师	선생**님**	교수 教授	교수**님**
사장 社长	사장**님**	박사 博士	박사**님**
목사 牧师	목사**님**	원장 院长	원장**님**

• 저희 사장**님**은 마음이 넓으십니다. 我们社长心胸宽广。
• 선생**님**, 가르쳐 주셔서 감사합니다. 老师，谢谢您的教导。

⑤ 当对听话人或行为的接受者表示尊敬时，可使用下列单词。

原形	敬语	原形	敬语
말하다 说	말씀드리다	묻다 问	여쭙다
주다 给	드리다	보다/만나다 见	뵙다

• 아버지께 **말씀드릴까요**? 我们要不要告诉爸爸呢?
• 할아버지께 이 책을 **드리세요**. 请把这本书给爷爷。

⑥ 通过降低说话人身份的方式表示对听话人的尊敬。

나 → 저　　우리 → 저희　　말 → 말씀

• **저**도 그 소식을 들었어요. 我也听说了那个消息。
• **저희** 집에 한번 놀러 오세요. 有时间来我家玩儿吧。
• 부장님, 드릴 **말씀**이 있습니다. 部长，我有话跟您说。

（4）使用敬语时的注意事项

① 在韩国语中，谈论某个人或称呼某个人时，通常不使用"당신（你）""너（你）""그（他）""그녀（她）"，以及"그들（他们）"等代词，而是称呼他们的名字、职位或头衔。

요코 씨, 어제 회사에서 재준 씨를 만났어요? 재준 씨가 요코 씨를
그가(×)　당신을(×)

찾았어요. 그러니까 요코 씨가 재준 씨한테 전화해 보세요.

그가(×) 당신을(×)

洋子，你昨天在公司里见到才俊了吗？才俊（他）找洋子（你）了，所以洋子（你）给才俊（他）打个电话吧。

“당신”一词是夫妻之间的互称词，因此不能用来称呼配偶之外的其他人。同样，“너”也只能用于亲密的朋友之间。

- 여보, 아까 **당신**이 나한테 전화했어요? 老公，你刚才给我打电话了吗？
- **너**는 오늘 뭐 하니? 你今天打算干什么？

② 当询问比自己年龄大或社会地位高的人，以及陌生人的姓名或年龄时，通常使用“성함이 어떻게 되세요?（您贵姓?）”，以及“연세가 어떻게 되세요?（您贵庚?）”等。

- 할아버지, 성함이 어떻게 되세요? (√) 爷爷，请问您贵姓？
  할아버지, 이름이 뭐예요? (×)
- 사장님 연세가 어떻게 되세요? (√) 社长，请问您贵庚？
  사장님 나이가 몇 살이에요? (×)

③ 说长辈的年龄时通常不用“살”。

A 캐럴 씨, 할아버지 **연세**가 어떻게 되세요? 卡罗尔，你爷爷多大岁数了？

B 올해 일흔 다섯이세요. (√) 他今年75岁。
올해 일흔 다섯 살이세요. (×)

④ “주다”的敬语是“드리다”和“주시다”。

当行为的主体比行为的接受者年龄小时，使用“드리다”，当行为的主体比行为的接受者年龄大时，使用“주시다”。

- 나는 선물을 어머니께 **드렸어요**. 我把礼物给妈妈了。
- 어머니께서 나에게 선물을 **주셨어요**. 妈妈给了我礼物。
- 나는 동생에게 선물을 **주었어요**. 我给弟弟礼物了。

准　备

01 이다

02 있다

03 数词

04 日期和星期

05 时间

01 이다

扫码获取音频与答案

01

A 무엇**입니까**? (= 뭐**예요**?)
（这）是什么？

B 의자**입니다**. (= 의자**예요**.)
（这）是椅子。

A 한국 사람**입니까**? (= 한국 사람이**에요**?)
（她）是韩国人吗？

B 네, 한국 사람**입니다**. (= 한국 사람**이에요**.)
是的，（她）是韩国人。

A 어디**입니까**? (= 어디**예요**?)
（这）是哪里？

B 한국**입니다**. (= 한국**이에요**.)
（这）是韩国。

语法解析

“이다”用在名词之后，使名词成为句子的谓语，相当于“……是……”。在格式体中，陈述句用“입니다”表示，疑问句用“입니까”。在非格式体中，陈述句和疑问句都用“예요 / 이에요”表示。句尾为降调时，“예요 / 이에요”是陈述句；句尾为升调时，“예요? / 이에요?”则是疑问句。当“이다”前面的名词以元音结尾时，要使用“예요”；以辅音结尾时，要用“이에요”。“이다”的否定形为“아니다”。（参考：单元 2 否定 01 否定词）

非格式体		格式体
以元音结尾的名词	以辅音结尾的名词	
예요	**이에요**	**입니다**
사과**예요**. 나비**예요**. 어머니**예요**.	책상**이에요**. 연필**이에요**. 학생**이에요**.	사과**입니다**.　책상**입니다**. 나비**입니다**.　연필**입니다**. 어머니**입니다**.　학생**입니다**.

对话

A 무엇입니까?
B 가방입니다.

A （这）是什么？
B （这）是书包。

A 학생입니까?
B 네, 학생입니다.

A 你是学生吗？
B 对，我是学生。

A 누구예요?
B 친구예요.

A 他是谁？
B 他是我的朋友。

A 고향이 어디예요?
B 서울이에요.

A 你家在哪里？
B 首尔。

练习

看图并用“이다”完成句子。

（1）

A 시계____________________?
B 네, 시계____________________.

（2）

A 무엇____________________?
B 모자____________________.

（3）

A 가수____________________?
B 네, 가수____________________.

（4）

A 누구입니까?
B 선생님____________________.

02 있다

扫码获取音频与答案

03

개가 의자 위에 **있어요**.
= 개가 의자 위에 **있습니다**.
小狗在椅子上。

우리 집이 신촌에 **있어요**.
= 우리 집이 신촌에 **있습니다**.
我家在新村。

남자 친구가 **있어요**.
= 남자 친구가 **있습니다**.
我有男朋友。

语法解析

1 “있다”表示存在或事物所处的位置，相当于“在……”。“있다”通常以“N 이 / 가 N（场所）에 있다”的形式使用。这时可以交换主语和处所的位置，变为“N（场所）에 N 이 / 가 있다”。“있다”的反义词是“없다（不在）”。“N 에 있다”表示事物所处的位置时，可以跟以下表示位置的名词一起使用。

위, 아래 (= 밑), 앞, 뒤, 옆 (왼쪽, 오른쪽), 사이, 가운데, 안, 밖

① 책상 **위**
桌子上面

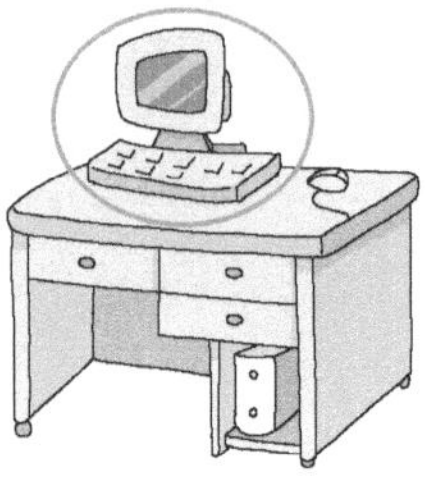

② 책상 **아래** = 책상 **밑**
桌子下面

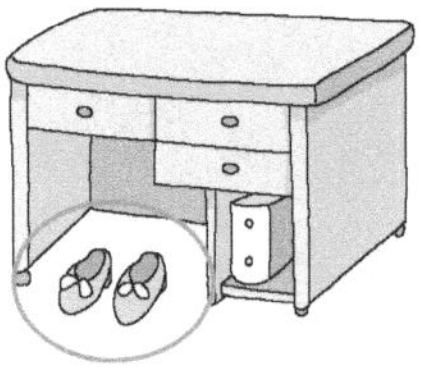

③ 책상 **앞**
桌子前面

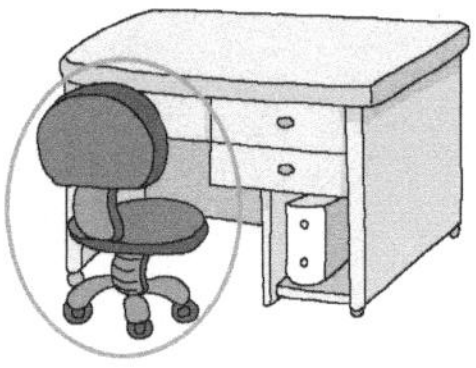

④ 책상 **뒤**
桌子后面

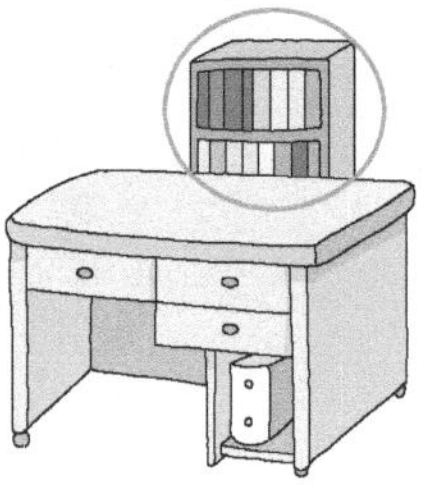

⑤ 책상 **옆**
桌子旁边

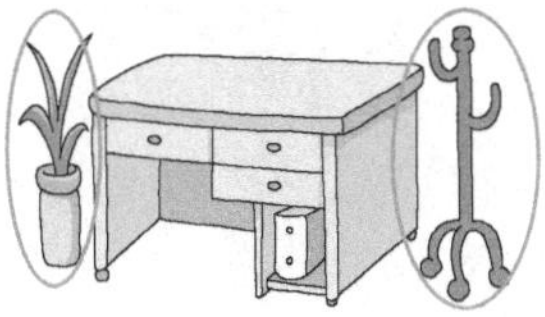

⑥ 책상 **왼쪽**
桌子左边

⑦ 책상 **오른쪽**
桌子右边

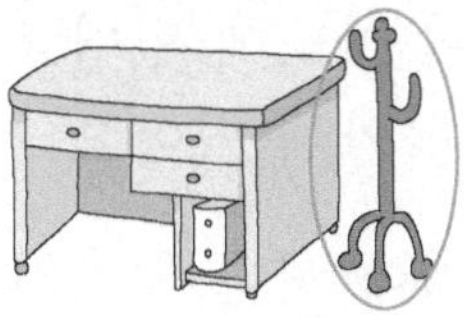

⑧ **사이**
……之间

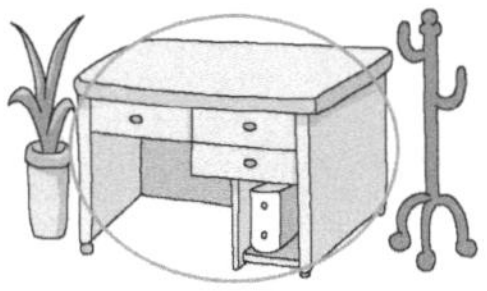

⑨ 책상 **가운데**
桌子上（中间）

⑩ 집 **안**
屋里

⑪ 집 **밖**
屋外

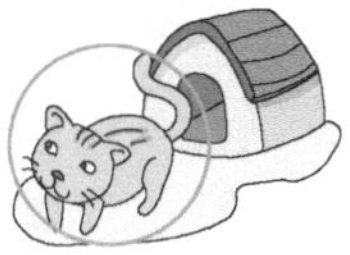

① 책상 **위**에 컴퓨터가 **있**어요.	电脑在桌子上面。
② 책상 **아래** (= 책상 **밑**에) 구두가 **있**어요.	皮鞋在桌子下面。
③ 책상 **앞**에 의자가 **있**어요.	椅子在桌子前面。
④ 책상 **뒤**에 책장이 **있**어요.	书架在桌子后面。
⑤ 책상 **옆**에 화분하고 옷걸이가 **있**어요.	花盆和衣架在桌子旁边。
⑥ 책상 **왼쪽**에 화분이 **있**어요.	花盆在桌子左边。
⑦ 책상 **오른쪽**에 옷걸이가 **있**어요.	衣架在桌子右边。
⑧ 화분과 옷걸이 **사이**에 책상이 **있**어요.	桌子在花盆和衣架之间。
⑨ 책상 **가운데**에 인형이 **있**어요.	玩偶在桌子上。
⑩ 집 **안**에 강아지가 **있**어요.	小狗在屋里。
⑪ 집 **밖**에 고양이가 **있**어요.	小猫在屋外。

2 “있다” 用于 “N 이 / 가 있다” 时，表示 “拥有”，相当于 “有……”。此时，“있다” 的反义词也是 “없다（没有）”。（参考：单元 2 否定 01 否定词）

- 나는 언니가 **있**어요. 동생이 **없**어요. 我有姐姐，但没有妹妹。
- 자전거가 **있**어요. 차가 **없**어요. 我有自行车，但没有汽车。

对话

(04)

A 책이 어디에 있어요?
B 가방 안에 있어요.

A 书在哪里?
B 在书包里。

A 은행이 어디에 있어요?
B 학교 옆에 있어요.

A 银行在哪里?
B 在学校旁边。

A 한국 친구가 있어요?
B 네, 한국 친구가 있어요.

A 你有韩国朋友吗?
B 有，我有韩国朋友。

A 컴퓨터가 있어요?
B 네, 있어요.

A 你有电脑吗?
B 有，我有。

练习

观察下图并在横线上填上合适的单词。

보기 전화가 텔레비전 옆 에 있어요.

(1) 텔레비전________________에 꽃병이 있어요.

(2) 이민우 씨________________에 캐럴 씨가 있어요.

(3) ________________씨 왼쪽에 가방이 있어요.

(4) 가방________________에 책이 있어요.

(5) 신문이 가방________________에 있어요.

(6) 이민우 씨가________________오른쪽에 있어요.

03 数词

扫码获取音频与答案

汉字词

05

0	1	2	3	4	5	6	7	8	9	10
영/공	일	이	삼	사	오	육	칠	팔	구	십
	11	20	30	40	50	60	70	80	90	100
	십일	이십	삼십	사십	오십	육십	칠십	팔십	구십	백
	1,000	10,000	100,000	1,000,000						
	천	만	십만	백만						

语法解析

韩国语有两套数词：一套是汉字词，一套是固有词。

汉字词主要用于表示电话号码、公交车线路、身高、体重、房间号、年份、月份、时间的分和秒以及价格等。

공일공 사칠팔삼
의[에] 삼이칠오

백육십삼 번

백오십 센티미터
사십팔 킬로그램

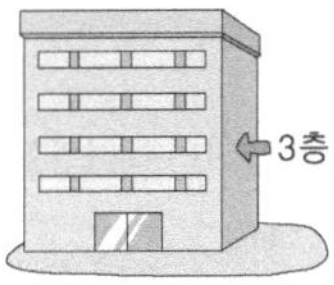

삼 층

오백일 호

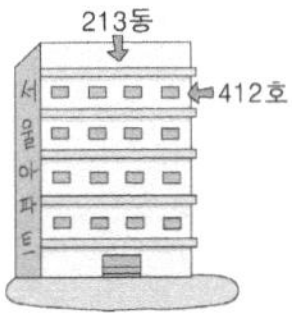

이백십삼 동
사백십이 호

팔만 삼천 원

이백삼십칠만 원

小贴士

❶ 在读韩国语数字时，不是以千为单位断开，而是以万为单位断开，这一点和汉语是一样的。所以354,970读作35/4970 （삼십오만 사천구백칠십），6,354,970读作635/4970（육백삼십오만 사천구백칠십）。

- 26354790 → 2635/4790
  이천육백삼십오**만** 사**천**칠**백**구**십**

❷ 在读以“1”开头的数字时，通常不读“1”。

- 10: **십** (일십×)
- 110: **백십** (일백십×)
- 1,110: **천백십** (일천백십×)
- 11,110: **만 천백십** (일만 천백십×)

❸ “16”“26”“36”……“96”的发音分别为“심뉵”“이심뉵”“삼심뉵”……“구심뉵”。

❹ “0”可以读作“공”或“영”，在电话号码或手机号码中通常读作“공”。

- 6508-8254 → 육오**공**팔의 [에] 팔이오사
- 010-4783-0274 → **공**일**공** 사칠팔삼의 [에] **공**이칠사

❺ 电话号码有两种读法：

- 7804-3577 → 칠팔공사의 [에] 삼오칠칠
  → 칠천팔백사 국의 [에] 삼천오백칠십칠 번

读电话号码时，加入“의”是韩国语数字读法中一种约定俗成的习惯，没有太多实际的意义，只相当于一个短暂的停顿。一般是3~4位数停顿一下。这时“의”的发音为“에”，而不是“의”。

对话

06

A 사무실이 몇 층이에요?
B 9층이에요. (구 층)

A 你的办公室在几层?
B 九层。

A 전화번호가 뭐예요?
B 019-8729-9509예요.
(공일구 팔칠이구의[에] 구오공구)

A 你的电话号码是多少?
B 019-8729-9509。

A 몇 번 버스를 타요?
B 705번 버스를 타요. (칠백오 번)

A 你坐几路公交车?
B 我坐705路。

A 책이 얼마예요?
B 25,000원이에요. (이만오천 원)

A 这本书多少钱?
B 25,000韩元。

练习

仿照例子，在括号内用韩国语写出数字的读法。

보기	A	전화번호가 뭐예요?
	B	2734-3698이에요.
		(이칠삼사의 삼육구팔)이에요.

(1) A 휴대전화가 있어요?

B 네, 있어요. 010-738-3509예요.

(　　　　　　　　　　　　　　) 예요.

(2) A 몸무게가 몇 킬로그램(kg)이에요?

B 34킬로그램(kg)이에요.

(　　　　　　　　　　　　　　) 킬로그램(kg)이에요.

(3) A 키가 몇 센티미터(cm)예요?

B 175센티미터(cm)예요.

(　　　　　　　　　　　　　　) 센티미터(cm)예요.

(4) A 치마가 얼마예요?

B 62,000원이에요.

(　　　　　　　　　　　　　　) 원이에요.

固有词

07

1	2	3	4	5	6	7	8	9	10
하나 (= 한)	둘 (= 두)	셋 (= 세)	넷 (= 네)	다섯	여섯	일곱	여덟	아홉	열
11	20	30	40	50	60	70	80	90	100
열하나	스물 (= 스무)	서른	마흔	쉰	예순	일흔	여든	아흔	백

세 명

한 분

두 마리

네 권

다섯 개

여덟 장

여섯 병

세 잔

두 대

한 살

열 송이

한 켤레

语法解析

在韩国语中，年龄、时间、单位名词通常用固有数词表示。数物品或人的数量时，数字一般要与表示单位的量词一起使用。常用的量词有“명、마리、개、살、병、잔”等。当数字后出现量词时，“하나”变成“한(학생 한 명)”，“둘”变成“두(두 마리)”，“셋”变成“세(커피 세 잔)”，“넷”变成“네(콜라 네 병)”。另外，“스물”要变成“스무(사과 스무 개)”。

하나 + 개	→	**한** 개	아홉 + 개	→	아홉 개
둘 + 개	→	**두** 개	열 + 개	→	열 개
셋 + 개	→	**세** 개	열하나 + 개	→	**열한** 개
넷 + 개	→	**네** 개	열둘 + 개	→	**열두** 개
다섯 + 개	→	다섯 개	……	→	……
여섯 + 개	→	여섯 개	스물 + 개	→	**스무** 개
일곱 + 개	→	일곱 개	스물한 + 개	→	**스물한** 개
여덟 + 개	→	여덟 개	스물둘 + 개	→	**스물두** 개

常用量词

序号				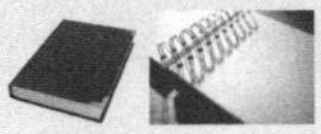		
1	**한** 명	**한** 분	**한** 마리	**한** 권	**한** 개	**한** 병
2	**두** 명	**두** 분	**두** 마리	**두** 권	**두** 개	**두** 병
3	**세** 명	**세** 분	**세** 마리	**세** 권	**세** 개	**세** 병
4	**네** 명	**네** 분	**네** 마리	**네** 권	**네** 개	**네** 병
5	다섯 명	다섯 분	다섯 마리	다섯 권	다섯 개	다섯 병
6	여섯 명	여섯 분	여섯 마리	여섯 권	여섯 개	여섯 병
7	일곱 명	일곱 분	일곱 마리	일곱 권	일곱 개	일곱 병
8	여덟 명	여덟 분	여덟 마리	여덟 권	여덟 개	여덟 병
9	아홉 명	아홉 분	아홉 마리	아홉 권	아홉 개	아홉 병
10	열 명	열 분	열 마리	열 권	열 개	열 병
11	**열한** 명	**열한** 분	**열한** 마리	**열한** 권	**열한** 개	**열한** 병
……	……	……	……	……	……	……
20	**스무** 명	**스무** 분	**스무** 마리	**스무** 권	**스무** 개	**스무** 병
?	몇 명	몇 분	몇 마리	몇 권	몇 개	몇 병

对话

08

A 가족이 몇 명이에요?
B 우리 가족은 네 명이에요.

A 你家有几口人?
B 我家有四口人。

A 동생이 몇 살이에요?
B 남동생은 스물세 살이에요.
여동생은 스무 살이에요.

A 你弟弟和妹妹几岁了?
B 我弟弟23岁,
妹妹20岁。

A 여기 사과 세 개, 콜라 한 병 주세요.
B 네, 모두 오천육백 원입니다.

A 请给我三个苹果、一瓶可乐。
B 好的,一共5,600韩元。

练习

看图并在横线上写出合适的韩国语数字和量词。

보기　남자가 <u>두 명</u>, 여자가 <u>세 명</u> 있어요.

(1) 개가＿＿＿＿＿＿＿＿＿＿＿＿＿＿＿＿있어요.

(2) 텔레비전이＿＿＿＿＿＿＿＿＿, 컴퓨터가＿＿＿＿＿＿＿＿＿있어요.

(3) 의자가＿＿＿＿＿＿＿개, 사과가＿＿＿＿＿＿＿있어요.

(4) 콜라가＿＿＿＿＿＿＿, 주스가＿＿＿＿＿＿＿있어요.

(5) 책이＿＿＿＿＿＿＿있어요. 꽃이＿＿＿＿＿＿＿송이 있어요.

04 日期和星期

扫码获取音频与答案

09

2010년 5월 7일 금요일

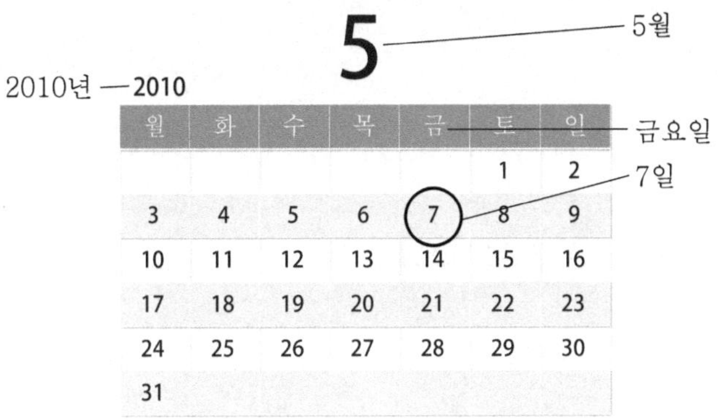

몇 년? (哪年？)

2010년: 이천십 년, 1998년: 천구백구십팔 년, 1864년: 천팔백육십사 년

몇 월? (几月？)

1월	2월	3월	4월	5월	**6월**	7월	8월	9월	**10월**	11월	12월
일월	이월	삼월	사월	오월	**유월**	칠월	팔월	구월	**시월**	십일월	십이월

며칠? (几日？)

1일	2일	3일	4일	5일	6일	7일	8일	9일	10일
일일	이일	삼일	사일	오일	육일	칠일	팔일	구일	십일

11일	12일	13일	14일	15일	16일	17일	18일	19일	20일
십일일	십이일	십삼일	십사일	십오일	십육일 [심뉴길]	십칠일	십팔일	십구일	이십일

21일	22일	23일	24일	25일	26일	27일	28일	29일	30일	31일
이십일일	이십이일	이십삼일	이십사일	이십오일	이십육일 [이심뉴길]	이십칠일	이십팔일	이십구일	삼십일	삼십일일

무슨 요일? (星期几？)

星期日	星期一	星期二	星期三	星期四	星期五	**星期六**
일요일	월요일	화요일	수요일	목요일	금요일	**토요일**

对话

A 오늘이 며칠이에요?
B 5월 5일(오월 오일)이에요.

A 오늘이 무슨 요일이에요?
B 화요일이에요.

A 언제 결혼했어요?
B 2001년(이천일 년)에 결혼했어요.

A 今天是几月几日?
B 5月5日。

A 今天是星期几?
B 星期二。

A 你是什么时候结婚的?
B 我是2001年结婚的。

小贴士

❶ 韩国语中的“6月”和“10月”分别写作和读作“유월”和“시월”，而不是“육월”和“십월”。

❷ 问年份和月份时可以分别使用“몇 년”和“몇 월”，但是问日期时不用“몇일”，而是用“며칠”。

- 今天几号? 오늘이 몇일이에요? (×) 오늘이 **며칠**이에요? (√)

练习

看图并用韩国语写出下列日期。

보기

1994.3.25. (금): 천구백구십사 년 삼월 이십오 일 금요일

(1)

2009.6.6. (토) : ________________ ______요일

(2)

1987.11.15. (일) : ________________ ______요일

(3)

2013.10.10. (목) : ________________ ______요일

05 时间

扫码获取音频与答案

11

한 시

두 시

세 시

네 시

다섯 시

여섯 시

일곱 시

여덟 시

아홉 시

열 시

열한 시

열두 시

한 시 오 분

한 시 십오 분

한 시 삼십 분
= 한 시 반

한 시 삼십오 분

한 시 사십 분

한 시 사십오 분

한 시 오십 분
= 두 시 십 분 전

한 시 오십오 분
= 두 시 오 분 전

语法解析

在韩国语中，整点时间用固有数词表示，而分钟则通常用汉字数词表示。当表达动作发生的时间时，通常要在时间名词后加助词“에”。

오후(P.M.)　오전(A.M.)

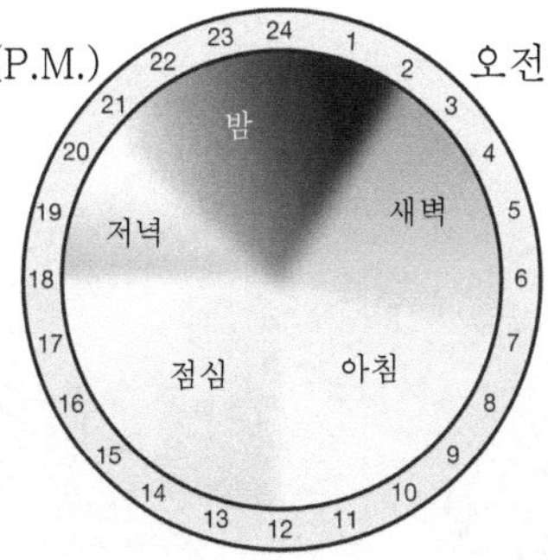

在韩国语中，通常用“오전（午前）”表示“上午”，用“오후（午后）”表示“下午”。另外，通常用“새벽（凌晨）”“아침（早晨）”“점심（中午）”“저녁（晚上）”“밤（夜里）”等表示更加具体的时间。

对话

12

A 지금 몇 시예요?
B 오전 아홉 시 십 분이에요. (9:10 A.M.)

A 现在几点了？
B 上午9点10分。

A 지금 몇 시예요?
B 두 시 십 분 전이에요.
(= 한 시 오십 분이에요.) (1:50)

A 现在几点了？
B 差10分2点。
（1点50分。）

A 몇 시에 일어나요?
B 아침 일곱 시에 일어나요. (7:00)

A 你几点起床？
B 早晨7点起床。

练习

看图并在横线上用韩国语写出图示的时间。

보기

오전 일곱 시

（1）

____

（2）

____

（3）

____

（4）

____

（5）

____

（6）

저녁____________

（7）

밤____________

（8）

밤____________

单元 1

时态

01 现在时态 A/V-(스)ㅂ니다

扫码获取音频与答案

13

안녕하십니까?
您好。

9시 뉴스입니다.
这里是 9 点新闻。

질문 있습니까?
大家有问题吗?

A 이것을 어떻게 생각합니까?
你对此是怎么看的?

B 좋습니다.
我觉得挺好。

语法解析

韩国语中的现在时态格式体是在词干后接"-(스)ㅂ니다"，主要用于军队、新闻、会议、讲课等比较正式的场合。

句子类型	词干以元音结尾	词干以辅音结尾
陈述句	-ㅂ니다	-습니다
疑问句	-ㅂ니까?	-습니까?

词干以元音结尾	가다	가 +	-ㅂ니다 -ㅂ니까?	→ →	갑니다 갑니까?	陈述句 疑问句
	오다	오 +	-ㅂ니다 -ㅂ니까?	→ →	옵니다 옵니까?	陈述句 疑问句
词干以辅音结尾	먹다	먹 +	-습니다 -습니까?	→ →	먹습니다 먹습니까?	陈述句 疑问句
	앉다	앉 +	-습니다 -습니까?	→ →	앉습니다 앉습니까?	陈述句 疑问句

分类	原形	陈述句	疑问句
词干以元音结尾 +-ㅂ니다 -ㅂ니까?	자다	잡니다	잡니까?
	예쁘다	예쁩니다	예쁩니까?
	이다	입니다	입니까?
	아니다	아닙니다	아닙니까?
	*만들다	만듭니다	만듭니까?
词干以辅音结尾 +-습니다 -습니까?	읽다	읽습니다	읽습니까?
	작다	작습니다	작습니까?
	있다	있습니다	있습니까?
	없다	없습니다	없습니까?

* 不规则变化。

对话

14

A 학교에 갑니까?
B 네, 학교에 갑니다.

A 你去学校吗?
B 我去学校。

A 아침을 먹습니까?
B 네, 먹습니다.

A 你吃早饭吗?
B 我吃早饭。

A 운동을 합니까?
B 네, 운동을 합니다.

A 你锻炼身体吗?
B 我锻炼。

练习

看图并仿照例句完成句子。

보기

가다

A 갑니까?
B 네, 갑니다.

보기

운동하다

A 뭐 합니까?
B 운동합니다.

(1)

먹다

A 햄버거를 ____________________?

B ____________________.

(2)

기다리다

A 뭐 합니까?

B 친구를 ____________________.

(3)

읽다

A 신문을 ____________________?

B ____________________.

(4)

만나다

A 뭐 합니까?

B 친구를 ____________________.

(5)

쓰다

A 뭐 합니까?

B 일기를 ____________________.

(6)

사다

A 책을 ____________________?

B ____________________.

02 现在时态 A/V-아/어요

扫码获取音频与答案

15

A 맛있어요?
好吃吗?

B 네, 맛있어요.
好吃。

A 어디에 가요?
你去哪里?

B 학교에 가요.
我去学校。

사랑해요, 캐럴 씨.
我爱你，卡罗尔。

语法解析

与现在时态的格式体相比，现在时态的非格式体是一种在日常生活中用得较多的敬语形态，其语气更柔和，也显得不那么正式，常用于家人、朋友等比较亲近的人之间。非格式体的陈述句和疑问句形态相同。句子末尾是降调时为陈述句，是升调时为疑问句。

-아요	当词干最后一个元音为“ㅏ”或“ㅗ”时，规则如下： ① 当词干以辅音结尾时，后面接“-아요”。 앉다 + **아요** → 앉아요　　받다 → 받아요, 살다 → 살아요 ② 当词干以元音“ㅏ”结尾时，其中一个“ㅏ”省略。 가다 + **아요** → 가요　　자다 → 자요, 만나다 → 만나요, 끝나다 → 끝나요 ③ 当词干以元音结尾时，通常会缩略。 오다 + **아요** → 와요 (오 + ㅏ요 → 와요)　　보다 → 봐요

(续表)

-어요	当词干最后一个元音为"ㅏ"或"ㅗ"之外的其他元音时，规则如下： ① 当词干以辅音结尾时，后面接"-어요"。 읽다 + **어요** → 읽어요　　먹다 → 먹어요, 입다 → 입어요 ② 当词干以元音"ㅐ""ㅓ"或"ㅕ"结尾时，通常省略"-어요"中的"어"。 보내다 + **어요** → 보내요 지내다 → 지내요, 서다 → 서요, 켜다 → 켜요 ③ 当词干以元音"ㅜ"结尾时，"ㅜ"和"어요"中的"어"结合形成"ㅝ"。 배우다 + **어요** → 배워요 (배우 + ㅓ요 → 배워요) 주다 → 줘요, 바꾸다 → 바꿔요 ④ 当词干以元音"ㅣ"结尾时，"ㅣ"和"어요"中的"어"结合形成"ㅕ"。 마시다 + **어요** → 마셔요 (마시 + ㅓ요 → 마셔요) 기다리다 → 기다려요, 헤어지다 → 헤어져요
-여요 → 해요	当词干以"하다"结尾时，要变为"해요"。本来，"여요"接在"하"后要变为"하여요"，但"하여요"经缩略后变为"해요"。 말하다 → 말**해요** 공부하다 → 공부해요, 전화하다 → 전화해요, 여행하다 → 여행해요
예요/이에요	"이다"要变为"예요 / 이에요"：当前面的单词以元音结尾时，用"예요"；以辅音结尾时，用"이에요"。 ① 当名词以元音结尾时：의사**예요** (의사 + 예요) 사과이다 → 사과예요, 어머니이다 → 어머니예요 ② 当名词以辅音结尾时：회사원**이에요** (회사원 + 이에요) 책상이다 → 책상이에요, 선생님이다 → 선생님이에요

原形	-아요	原形	-어요	原形	해요
앉다	앉아요	읽다	읽어요	말하다	말해요
살다	살아요	꺼내다	꺼내요	전화하다	전화해요
가다	가요	서다	서요	운동하다	운동해요
만나다	만나요	배우다	배워요	일하다	일해요
오다	와요	마시다	마셔요	숙제하다	숙제해요

이다	以元音结尾的名词	-예요	간호사예요	의자예요	우유예요
	以辅音结尾的名词	-이에요	학생이에요	책상이에요	빵이에요

对话

16

A 지금 뭐 해요?
B 숙제해요.

A 몇 시에 점심을 먹어요?
B 보통 1시에 점심을 먹어요.

A 민우 씨는 직업이 뭐예요?
B 선생님이에요.

A 你在干什么？
B 我在做作业。

A 你几点吃午饭？
B 我一般1点吃午饭。

A 民宇，你做什么工作？
B 我是老师。

小贴士

❶ 韩国语的现在时态不仅可以用于表示现在时态，也可以用于表示现在进行时态和近期将来时态。

- 现在时态：저는 대학교에 다닙니다/다녀요. 我上大学。
- 现在进行时态：저는 지금 공부를 합니다/해요. 我正在学习。
- 近期将来时态：저는 내일 학교에 갑니다/가요. 我明天去学校。

❷ 现在时态也可以用于表示普遍性的真理以及习惯性反复发生的事。
- 지구는 태양 주위를 돌아요. 地球绕着太阳转。
- 저는 아침마다 달리기를 해요. 我每天早晨跑步。

练习

1 看图并仿照例子完成下列句子。

보기

의자

A 의자예요?
B 네, 의자예요.

(1)

학생

A ______________________________?

B ______________________________.

(2)

의사

A ______________________________?

B ______________________________.

(3)

책상

A ______________________________?

B ______________________________.

(4)

사과

A ______________________________?

B ______________________________.

2 看图并仿照例子完成下列句子。

보기

자다

A **자요?**

B **네, 자요.**

보기

만나다

A 뭐 해요?

B 친구를 **만나요.**

(1)

보다

A 텔레비전을____________________?

B 네, 텔레비전을____________________.

(2)

전화하다

A 뭐 해요?

B ______________________________.

(3)

읽다

A 책을______________________________?

B 네, 책을______________________________.

(4)

먹다

A 냉면을______________________________?

B 네, 냉면을______________________________.

(5)

공부하다

A 뭐 해요?

B ______________________________.

(6)

마시다

A 물을______________________________?

B 네, 물을______________________________.

03 过去时态 A/V-았/었어요

扫码获取音频与答案

17

1981년 3월 5일에 **태어났어요**.
他 1981 年 3 月 5 日出生。

2004년 2월에 대학교를 **졸업했어요**.
他 2004 年 2 月大学毕业。

작년에 **결혼했어요**.
我们去年结婚了。

语法解析

过去时态表示动作或状态发生在过去，通常在形容词或动词词干后接“-았/었”。当前面词干最后一个元音为“ㅏ”或“ㅗ”时，后面接“-았어요”；为其他元音时，接“-었어요”。以“하다”结尾的动词或形容词在词干后接“-였어요”变为“하+였어요”，进一步缩略为“했어요”。使用格式体时，要变为“-았/었습니다”和“했습니다”。

词干最后一个元音为“ㅏ”或“ㅗ”	词干最后一个元音为其他元音	以“하다”结尾的词
앉다 + **-았어요** → 앉았어요	먹다 + **-었어요** → 먹었어요	공부**하다** → 공부했어요

原形	-았어요	原形	-었어요	原形	했어요
보다	**봤**어요	씻다	씻**었**어요	청소하다	청소**했**어요
만나다	만**났**어요	*쓰다	**썼**어요	입학하다	입학**했**어요
닫다	닫**았**어요	있다	있**었**어요	운동하다	운동**했**어요
팔다	팔**았**어요	열다	열**었**어요	요리하다	요리**했**어요
잡다	잡**았**어요	*줍다	주**웠**어요	숙제하다	숙제**했**어요
*모르다	몰**랐**어요	*부르다	불**렀**어요	게임하다	게임**했**어요

* 不规则变化。

이다	词干没有收音时	**였어요**	간호사**였**어요
	词干有收音时	**이었어요**	학생이**었**어요
아니다	词干没有收音时	**가 아니었어요**	간호사가 아니**었**어요
	词干有收音时	**이 아니었어요**	학생이 아니**었**어요

对话

18

A 어제 뭐 했어요?
B 공부했어요.

A 你昨天干什么了?
B 学习了。

A 토요일에 영화를 봤어요?
B 네, 봤어요. 재미있었어요.

A 你星期六看电影了吗?
B 看了，电影非常有意思。

A 주말에 뭐 했어요?
B 음악을 들었어요.

A 你周末干什么了?
B 我听音乐了。

小贴士

“주다”的过去时态为“주었어요”，可以缩略为“줬어요”；“보다”也有“보았어요”和“봤어요”两种过去时态；但是“오다”的过去时态不能用“오았어요”，只能表示为“왔어요”。

- 주다 + -었어요 → **주었어요** (√)　**줬어요** (√)
- 보다 + -았어요 → **보았어요** (√)　**봤어요** (√)
- 오다 + -았어요 → **왔어요** (√)　오았어요 (×)

练习

卡罗尔这周做什么了？请根据日历，从方框中选择合适的单词用“-았/었어요”完成句子。

보기	가다 만나다 맛있다 먹다 보다 부르다 사다 싸다 아프다 재미있다 청소하다

• 12월 7일: （1） 친구를 ______________________________.

（2） 피자를 ______________________________.

（3） 피자가 ______________________________.

• 12월 8일: （4） 백화점에 ______________________________.

（5） 구두를 ______________________________.

（6） 구두가 ______________________________.

• 12월 9일: （7） 머리가 ______________________________. 병원에 갔어요.

• 12월 10일: （8） 노래를 ______________________________.

• 12월 11일: （9） ______________________________.

• 12월 12일: （10） 영화를 ______________________________.

（11） 영화가 ______________________________.

04 将来时态 V-(으)ㄹ 거예요 ①

扫码获取音频与答案

19

2년 후에 차를 **살 거예요**.
我两年后买车。

주말에 낚시를 **할 거예요**.
我周末去钓鱼。

방학에 중국에 **갈 거예요**.
我假期去中国。

语法解析

将来时态主要用于表示未来的计划或打算，相当于“将要……”。“-(으)ㄹ 거예요”主要接在动词词干后。当动词词干以元音或“ㄹ”结尾时，后面接“-ㄹ 거예요”；以辅音结尾时，后面接“-을 거예요”。

动词词干以元音或“ㄹ”结尾	动词词干以辅音结尾
가다 + **-ㄹ 거예요** → 갈 거예요	먹다 + **-을 거예요** → 먹을 거예요

原形	-ㄹ 거예요	原形	-을 거예요
보다	볼 거예요	입다	입을 거예요
주다	줄 거예요	받다	받을 거예요
만나다	만날 거예요	씻다	씻을 거예요
공부하다	공부할 거예요	*듣다	들을 거예요
*살다	살 거예요	*붓다	부을 거예요
*만들다	만들 거예요	*돕다	도울 거예요

* 不规则变化。

对话

20

A 언제 고향에 돌아갈 거예요?
B 내년에 돌아갈 거예요.

A 你打算什么时候回老家？
B 我打算明年回去。

A 주말에 뭐 할 거예요?
B 자전거를 탈 거예요.

A 你周末打算干什么？
B 我想去骑自行车。

练习

下图是王晶的日程安排，她这周计划做什么？请从下列方框中选择合适的单词并用“-(으)ㄹ 거예요”完成句子。

보기	가다	공부하다	놀다	먹다	부르다	쉬다	타다

오늘은 5월 4일이에요. 내일은 5월 5일 ‘어린이날’ 이에요. 그래서 내일 학교에 안 가요. 내일 나는 롯데월드에 (1) ________________. 롯데월드에서 친구들하고 같이 (2) ________________. 스케이트를 (3) ________________. 목요일에 한국어 시험이 있어요. 그래서 수요일에 학교 도서관에서 (4) ________________. 금요일은 캐럴 씨의 생일이에요. 우리는 불고기를 (5) ________________. 그리고 노래방에서 노래를 (6) ________________. 토요일은 집에서 (7) ________________.

05 进行时态 V-고 있다 ①

扫码获取音频与答案

21

댄 씨가 지금 음악을 **듣고 있어요.**
戴恩正在听音乐。

민우 씨가 지금 집에 **가고 있어요.**
民宇正在回家。

어제 친구가 웨슬리 씨한테 전화했어요.
그때 웨슬리 씨는 **자고 있었어요.**
昨天，有人给威斯利打电话，(但) 那时他正在睡觉。

语法解析

“-고 있다”表示动作正在进行，相当于“正在”，主要接在动词词干后。当表示在过去的某个时间正在进行某个动作时，要在动词词干后接“-고 있었다”。

가다 + **-고 있다** → 가고 있다　　　　먹다 + **-고 있었다** → 먹고 있었다

原形	-고 있어요	原形	-고 있어요
사다	사고 있어요	찾다	찾고 있어요
보다	보고 있어요	만들다	만들고 있어요
만나다	만나고 있어요	일하다	일하고 있어요
오다	오고 있어요	공부하다	공부하고 있어요

对话

22

A 왕징 씨, 지금 시장에 같이 가요.
B 미안해요, 지금 숙제를 하고 있어요.

A 王晶，我们一起去市场吧。
B 不好意思，我正在做作业呢。

A 왜 아까 전화를 안 받았어요?
B 샤워하고 있었어요.

A 你刚才为什么不接电话?
B 那时我正在洗澡呢。

A 지금 어디에서 살고 있어요?
B 서울에서 살고 있어요.

A 你现在住在哪里?
B 我住在首尔。

小贴士

当单纯表示过去所做的动作时，使用过去时态“-았/었어요”即可。

A 어제 뭐 했어요? 你昨天干什么了?
B 집에서 쉬고 있었어요. (×)
집에서 쉬**었어요**. (√) 我在家休息了。

练习

看图并仿照例子完成句子。

보기

A 지금 뭐 해요?
B **피아노를 치고 있어요.**
(피아노를 치다)

(1)

A 지금 뭐 해요?
B ______________________.
(세수하다)

(2)

A 요즘 뭐 해요?

B ______________________________.

(한국어를 배우다)

(3)

A 운룡 씨가 지금 공부를 해요?

B 아니요, ______________________.

(밥을 먹다)

(4)

A 무엇을 찾고 있었어요?

B ______________________________.

(반지를 찾다)

06 过去完成时态 A/V-았/었었어요

扫码获取音频与答案

23

미국에 **갔었어요**.
我去美国了。
（我去了美国，并且现在已经从美国回来了。）

중국에서 **살았었어요**.
我曾经在中国生活过。
（我现在不住在中国。）

아버지가 **뚱뚱했었어요**.
父亲曾经很胖。
（他现在不胖了。）

语法解析

表示某事或某种状态发生在过去，但并没有持续下去，或者表示某事发生在离现在很久的过去，现在已经不再受其影响，相当于“……了”或“……过”。“-았/었었어요”主要接在动词或形容词词干后，当词干最后一个元音为“ㅏ”或“ㅗ”时，后面接“-았었어요”；为其他元音时，后面接“-었었어요”；以“하다”结尾的词要变为“했었어요”。

词干最后一个元音为“ㅏ”或“ㅗ”	词干最后一个元音为其他元音	以“하다”结尾的词
살다 + **-았었어요** → 살았었어요	먹다 + **-었었어요** → 먹었었어요	공부**하다** → 공부했었어요

原形	-았/었었어요	原形	-았/었었어요
가다	갔었어요	많다	많았었어요
사다	샀었어요	싸다	쌌었어요

(续表)

原形	-았/었었어요	原形	-았/었었어요
배우다	배웠었어요	길다	길었었어요
읽다	읽었었어요	친절하다	친절했었어요
일하다	일했었어요	한가하다	한가했었어요
*듣다	들었었어요	*어렵다	어려웠었어요

* 不规则变化。

对话

24

A 담배를 안 피워요?
B 작년에는 담배를 피웠었어요.
그렇지만 지금은 안 피워요.

A 你不吸烟吗?
B 我去年还吸烟来着，
但是现在不吸了。

A 요즘 바다에 사람이 없어요.
B 여름에는 사람이 많았었어요.

A 最近海边都没什么人了。
B 夏天的时候人很多。

A 주말에 뭐 했어요?
B 롯데월드에 갔었어요.
아주 재미있었어요.

A 你周末干什么了?
B 我去乐天世界了，
真的非常有意思。

● 它们有什么区别?

-았/었어요

单纯地表示行为或状态发生在过去，或者表示过去的行为或状态现在仍然保持着。

- 댄 씨는 작년에 한국에 **왔어요**.
  戴恩去年来韩国了。
  现在，戴恩或许还在韩国，也可能不在韩国。
- 댄 씨는 서울에서 1년 동안 살**았어요**.
  戴恩在首尔住了一年。
  我们不知道戴恩现在住在哪里。

-았/었었어요

表示行为或状态不但发生在过去，而且已经在过去结束，现在已经不受其影响。

- 댄 씨는 작년에 한국에 **왔었어요**.
  戴恩去年来过韩国。
  戴恩不久之后离开了，他现在不在韩国。
- 댄 씨는 서울에서 1년 동안 살**았었어요**.
  戴恩在首尔住过一年。
  现在戴恩不住在首尔。

练习

夏英10年前是什么样子？请看图并仿照例子完成句子。

보기

10년 전 / 현재

하영 씨는 **안경을 안 썼었어요.**

(안경을 안 쓰다)

(1)

10년 전 / 현재

하영 씨는________________________________.

(키가 작다)

(2)

10년 전 / 현재

하영 씨는________________________________.

(머리가 길다)

(3)

10년 전 / 현재

하영 씨는________________________________.

(고기를 안 먹다)

(4)

10년 전 / 현재

하영 씨는________________________________.

(치마를 안 입다)

单元 2

否定

01 否定词

扫码获取音频与答案

25

한국 사람이에요.
她是韩国人。

한국 사람이 **아니에요**.
她不是韩国人。

돈이 있어요.
我有钱。

돈이 **없어요**.
我没钱。

한국말을 알아요.
我会说韩国语。

한국말을 **몰라요**.
我不会说韩国语。

语法解析

韩国语中的否定既可以通过对整个句子的否定实现，也可以通过某个否定词实现。常用的否定方式有将“이다”变为“아니다”，“있다”变为“없다”，“알다”变为“모르다”。其中“아니다”主要以“이 / 가 아니다”的形式出现，口语中通常省略“이 / 가”。“아니다”主要以“N1 이 / 가 아나라 N2 이다”的形式出现。

常用否定形	格式体	非格式体
아니다 ↔ 이다	**아닙니다**	**아니에요**
없다 ↔ 있다	**없습니다**	**없어요**
모르다 ↔ 알다	**모릅니다**	**몰라요**

对话

26

A 민우 씨가 학생이에요?
B 아니요, 학생이 아니에요. 선생님이에요.
= 아니요, 학생이 아니라 선생님이에요.

A 民宇是学生吗?
B 不，他不是学生，他是老师。

A 오늘 시간 있어요?
B 아니요, 오늘 시간 없어요. 바빠요.

A 你今天有时间吗?
B 没有，我今天没有时间，我很忙。

A 일본어를 알아요?
B 아니요, 몰라요.

A 你懂日语吗?
B 不懂，我不懂日语。

练习

看图并仿照例子完成句子。

보기

A 미국 사람이에요?
B 아니요, 미국 사람**이 아니에요**. 영국 사람이에요.

(1)

A 남자 친구예요?
B 아니요, 남자 친구 ______________. 동생이에요.

(2)

A 집에 개가 있어요?
B 아니요, 개 ______________.

(3)

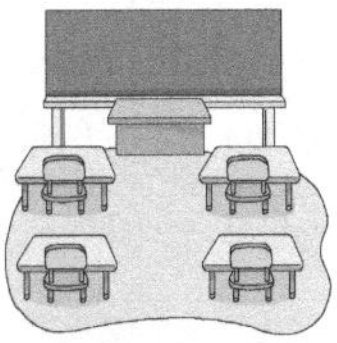

A 교실에 댄 씨가 있어요?
B 아니요, 댄 씨 ______________.

(4)

A 선생님의 전화번호를 알아요?
B 아니요, 저는 선생님의 전화번호를 ______________.
요코 씨가 알아요.

02 안 A/V-아/어요 (A/V-지 않아요)

扫码获取音频与答案

27

저는 오징어를 **안 먹어요**.
= 저는 오징어를 **먹지 않아요**.
我不吃鱿鱼。

그 구두는 안 **예뻐요**.
= 그 구두는 **예쁘지 않아요**.
那双皮鞋不好看。

방이 안 **넓어요**.
= 방이 **넓지 않아요**.
房间并不宽敞。

语法解析

主要与动词或形容词结合，表示对某种行为或状态的否定，相当于“不”。可以在动词或形容词前面接“안”，也可以在动词或形容词词干后接“-지 않아요”。

안 + 가다 → 안 가요	가다 + **-지 않아요** → 가지 않아요
안 + 크다 → 안 커요	크다 + **-지 않아요** → 크지 않아요

对于以“하다”结尾的动词，由于是以“名词 + 하다”的形式构成，所以要在动词前面接“안”，以“名词 안 하다”的形式出现。对于形容词来说，要以“안 + 形容词”的形式出现。但动词“좋아하다（喜欢）”“싫어하다（不喜欢）”不是以“名词 + 하다”的形式构成的，因此对其进行否定时要使用“안 좋아하다 / 좋아하지 않다”“안 싫어하다 / 싫어하지 않다”。

안 + 일**하다** → 일 안 해요	일**하다** + **-지 않아요** → 일하지 않아요
안 + 친절**하다** → 안 친절해요	친절**하다** + **-지 않아요** → 친절하지 않아요

안 + 좋아**하다** → 안 좋아해요/좋아하지 않아요 (√) 좋아 안 해요 (×)

原形	안 -아/어요	-지 않아요
타다	안 타요	타지 않아요
멀다	안 멀어요	멀지 않아요
불편하다	안 불편해요	불편하지 않아요
공부하다	공부 안 해요	공부하지 않아요
*덥다	안 더워요	덥지 않아요
*걷다	안 걸어요	걷지 않아요

* 不规则变化。

小贴士

“안”和“-지 않다”只能用于陈述句和疑问句，不能用于命令句和共动句。

- 请不要走。
  가지 **마**십시오. (√)
  안 가십시오. (×)
  가지 않으십시오. (×)
- 我们别吃了吧。
  먹지 **맙**시다. (√)
  안 먹읍시다. (×)
  먹지 않읍시다. (×)

对话

28

A 불고기를 좋아해요?
B 아니요, 저는 고기를 안 먹어요.

A 你喜欢烤肉吗?
B 不喜欢，我不吃肉。

A 토요일에 회사에 가요?
B 아니요, 토요일에는 가지 않아요.

A 你星期六去公司吗?
B 不去，我星期六不去。

A 집이 멀어요?
B 아니요, 안 멀어요. 가까워요.

A 你家远吗?
B 不远，很近。

练习

看图并仿照例子完成句子。

보기

A 교회에 다녀요?
B 아니요, 안 다녀요. / 다니지 않아요.

(1)

A 오늘 영화를 봐요?

B 아니요, ________________.

(2)

A 매일 운동해요?

B 아니요, ________________.

(3)

A 물이 깊어요?

B 아니요, ________________.

(4)

A 식당 아저씨가 친절해요?

B 아니요, ________________.

03 못 V-아/어요 (V-지 못해요)

扫码获取音频与答案

29

저는 수영을 **못해요**.
= 저는 **수영하지 못해요**.
我不会游泳。

오늘은 술을 **못 마셔요**.
= 오늘은 술을 **마시지 못해요**.
我今天不能喝酒。

저는 노래를 **못 불러요**.
= 저는 노래를 **부르지 못해요**.
我不会唱歌。

语法解析

表示主语没有能力做某事或者由于某些客观原因而导致主语的意志不能实现，相当于“不能”。可以在动词前加“못”，也可以在动词词干后接“-지 못해요”。对于“名词+하다”形的词来说，要在名词后加“못”，以“名词+못하다”的形式出现。（参考：单元 6 能力与可能性 01 V-(으)ㄹ 수 있다/없다）

못 + 가다 → 못 가요　　　가다 + **-지 못해요** → 가지 못해요
못 + 요리**하다** → 요리 못해요 (√)　못 요리해요 (×)

原形	못 -아/어요	-지 못해요
타다	못 타요	타지 못해요
읽다	못 읽어요	읽지 못해요
숙제하다	숙제 못 해요	숙제하지 못해요
*쓰다	못 써요	쓰지 못해요
*듣다	못 들어요	듣지 못해요

* 不规则变化。

对话

30

A 운전해요?
B 아니요, 운전 못해요.
운전을 안 배웠어요.

A 你开车吗?
B 不，我不会开车，
没学过。

A 왜 밥을 안 먹어요?
B 이가 아파요. 그래서 먹지 못해요.

A 你为什么不吃饭?
B 我牙疼，吃不了。

● 它们有什么区别?

안 (-지 않다)	못 (-지 못하다)
❶ 既能和动词结合，也能和形容词结合。 • 학교에 **안** 가요. (√) 我不去学校。 • 치마가 **안** 예뻐요. (√) 这条裙子不好看。	❶ 一般只和动词结合，不和形容词结合。 • 학교에 **못** 가요. (√) 我不能去学校。 • 치마가 **못** 예뻐요. (×)
❷ 表示不做某事跟能力或外部条件无关，是主观意志的决定。 • 저는 운전을 **안** 해요. 我不开车。 **我会开车，但是我不想开车。** • 오늘은 쇼핑을 하지 **않**아요. 我今天不购物。 **我不想购物。**	❷ 表示由于客观原因，使某人不能或不可能做某事。 • 저는 운전을 **못**해요. 我不能开车。 **我希望能开车，但是由于某些客观条件，比如腿部的伤病，导致不能开车。** • 오늘은 쇼핑을 하지 **못해**요. 我今天不能去购物。 **我想去购物，但是由于某些客观条件，比如没有钱或没有时间，导致不能去。**

练习

看图并仿照例子用“못”或“-지 못하다”完成句子。

보기

A 요코 씨, 술을 마셔요?

B 아니요, **못 마셔요. / 마시지 못해요.**

(1)

A 숙제 다 했어요?

B 아니요, ________________. 어려워요.

(2)

A 티루엔 씨의 생일 파티에 가요?

B 아니요, ________________. 바빠요.

(3)

A 어제 영화 봤어요?

B 아니요, ________________. 표가 없었어요.

单元 3

助词

01 N이/가

扫码获取音频与答案

31

날씨**가** 좋아요.
（今天）天气很好。

옛날에 공주**가** 있었어요.
古时候，曾经有一位公主。

저기 재준 씨**가** 와요.
才俊来了。

语法解析

1 “이 / 가”接在句子主语之后，表示其前面的成分是句子的主语。以元音结尾的单词后使用“가”，以辅音结尾的单词后使用“이”。

- 조엘 씨**가** 빵을 먹어요. 乔尔在吃面包。
- 과일**이** 너무 비싸요. 水果很贵。

2 “이 / 가”有强调前面成分的意思。

A 누**가** 음식을 준비할 거예요? 谁负责准备食物?
B 준호 씨**가** 음식을 준비할 거예요. 俊浩负责。（**强调是俊浩，而不是其他人做这件事**）

A 누**가** 안 왔어요? 谁没来?
B 요코 씨**가** 안 왔어요. 洋子没来。（**强调没来的不是别人，是洋子**）

3 “이 / 가” 还可以用于引入前文中没有提及的新信息，即表示开启新话题。

- 옛날에 한 남자**가** 살았어요. 그 남자는 아이들**이** 두 명 있었어요.
  很久以前有一个男人，他有两个孩子。

（表示在这一句话之前没有提及与这个男人有关的内容，从这一句开始要谈论与他相关的内容了）

- 저기 민우 씨**가** 와요.
  民宇来了。

（表示在这一句话之前没有提及民宇，这一句话之后，要说到与他相关的内容了）

以元音结尾的单词 + 가	以辅音结尾的单词 + 이
친구**가** 바빠요. 학교**가** 가까워요. 준호**가** 학교에서 공부해요.	선생님**이** 키가 커요. 방**이** 작아요. 동생**이** 지금 자요.

对话

32

A 누가 제이슨 씨예요?
B 저 사람이 제이슨 씨예요.

A 谁是杰森？
B 他是杰森。

A 어디가 아파요?
B 배가 아파요.

A 你哪里不舒服？
B 肚子不舒服。

A 넥타이가 멋있어요.
B 고맙습니다.

A 你的领带很好看。
B 谢谢。

小贴士

“나、저、누구” 与 “가” 结合时分别发生如下变化：

나 + **가** → 내가	저 + **가** → 제가	누구 + **가** → 누가

- **내가** 리처드예요. 我是理查德。　　나가 리처드예요. (×)
- **제가** 할게요. 我来做。　　저가 할게요. (×)
- **누가** 청소하겠어요? 谁来打扫？　　누구가 청소하겠어요? (×)

练习

1 几个朋友聚会，他们分别要做什么？请看图并用“이/가”完成句子。

(1) A 누가 사진을 찍을 거예요?

B ____________사진을 찍을 거예요.

(2) A 누가 케이크를 만들 거예요?

B ____________케이크를 만들 거예요.

(3) A 그럼, 누가 음료수를 살 거예요?

B 아, ____________음료수를 살 거예요.

(4) A 그리고 누가 음악을 준비할 거예요?

B ____________음악을 준비할 거예요.

2 看图并用“이/가”完成句子。

（1）

날씨______________________더워요.

（2）

비빔밥______________________맛있어요.

（3）

드라마______________________재미없어요.

（4）

꽃______________________예뻐요.

02 N은/는

扫码获取音频与答案

33

안녕하세요? 저**는** 댄이에요.
您好，我是戴恩。

형**은** 키가 커요. 동생**은** 키가 작아요.
哥哥个子高，弟弟个子矮。

부디 씨**는** 운동을 잘해요. 그렇지만 공부**는** 못해요.
布迪很擅长运动，但是学习不好。

语法解析

1 “은 / 는”表示其前面的内容是句子的主题或说明的对象，意思相当于“对……进行说明”。以元音结尾的单词后使用“는”，以辅音结尾的单词后使用“은”。

- 저**는** 한국 사람입니다. 我是韩国人。
- 리처드 씨**는** 29살입니다. 理查德今年29岁。
- 제 직업**은** 변호사입니다. 我是一名律师。

2 当再次提及前面曾提到的事物时，或者讨论对话双方已经知道的事物时，要用“은 / 는”，即“은 / 는”用于表示已知的信息。(参考：单元 3 助词 01 N 이 / 가)

- 저는 내일 요코 씨를 만나요. 요코 씨**는** 일본에서 왔어요.
  我明天去见洋子，她是日本人。
- 저는 작년에 뉴욕에 갔었어요. 뉴욕**은** 정말 아름다웠어요.
  我去年去纽约了，那里非常漂亮。
- 옛날에 한 남자가 살았어요. 그 남자**는** 아이들이 두 명 있었어요.
  很久以前有一个男人，他有两个孩子。

3 对两个事物进行对照或比较时，也用“은 / 는”。这时的“은 / 는”不仅可以用在主语之后，也可以用在宾语或其他句子成分之后，表示强调。

- 에릭**은** 미국 사람이에요. 그렇지만 준호**는** 한국 사람이에요.
  埃里克是美国人，俊浩是韩国人。**(主语对照)**

- 저는 축구**는** 좋아해요. 그렇지만 야구**는** 좋아하지 않아요.
  我喜欢足球，但不喜欢棒球。**(宾语对照)**

- 서울에**는** 눈이 왔어요. 그렇지만 부산에**는** 눈이 오지 않았어요.
  首尔下雪了，但釜山没下。**(地点对照)**

A 사과 있어요? 你有苹果吗?

B 아니요, 배**는** 있어요. 没有，（但）有梨。**(苹果和梨形成对照)**

以元音结尾的单词 + 는	以辅音结尾的单词 + 은
소냐**는** 겨울을 좋아해요. 제주도**는** 섬이에요.	제이슨**은** 의사예요. 서울**은** 한국에 있어요.

对话

34

A 부모님 직업이 뭐예요?
B 아버지는 회사원이에요.
그리고 어머니는 선생님이에요.

A 你父母从事什么职业?
B 我爸爸是公司职员，
妈妈是老师。

A 도쿄가 어때요?
B 도쿄는 많이 복잡해요.

A 东京怎么样?
B 东京（的道路）很拥堵。

A 안녕하세요? 저는 댄입니다.
B 안녕하세요? 저는 캐럴이에요.
미국 사람이에요.

A 你好，我是戴恩。
B 你好，我是卡罗尔。
我是美国人。

练习

1 以下是蒂鲁恩的自我介绍，请用“은/는”填空。

안녕하세요? (1) 제 이름 ________ 티루엔이에요. (2) 저 ________ 베트남 사람이에요. (3) 제 고향 ________ 하노이예요. (4) 하노이 ________ 아주 복잡해요. 저는 가족이 3명 있어요. (5) 아버지 ________ 회사원이에요. (6) 그리고 어머니 ________ 선생님이에요. (7) 동생 ________ 학생이에요. (8) 동생 ________ 음악을 좋아해요. (9) 저 ________ 운동을 좋아해요. 그래서 운동을 많이 해요. (10) 그렇지만 수영 ________ 못해요.

2 看图并用“은/는”填空。

(1) 이 사람 ________ 왕징 씨예요.

(2) 왕징 씨 ________ 중국 베이징에서 왔어요.

(3) 한국 ________ 겨울이에요.

(4) 시드니 ________ 여름이에요.

(5) 작년에 파리에 갔었어요.

파리 ________ 아름다웠어요.

03 N을/를

扫码获取音频与答案

35

부디 씨가 영화를 봐요.
布迪正在看电影。

아버지가 신문을 읽어요.
爸爸在看报纸。

요코 씨가 음악을 들어요.
洋子正在听音乐。

语法解析

宾格助词"을 / 를"主要接在名词后，表示该名词是句子的宾语。当名词以元音结尾时，后面接"를"；以辅音结尾时，后面接"을"。"먹다（吃）、마시다（喝）、좋아하다（喜欢）、읽다（读）、보다（看）、만나다（见）、사다（买）、가르치다（教）、배우다（学）、쓰다（写）"等他动词前面一般都需要接宾格助词，但在口语中，宾格助词通常可以省略。

以元音结尾的名词 + 를	以辅音结尾的名词 + 을
커피를 마셔요. 영화를 봐요. 친구를 만나요. 구두를 사요. 노래를 들어요.	물을 마셔요. 신문을 봐요. 선생님을 만나요. 옷을 사요. 음악을 들어요.

对话

36

A 무슨 운동을 좋아해요?
B 축구를 좋아해요.

A 你喜欢什么运动？
B 我喜欢足球。

A 무엇을 배워요?
B 한국어를 배워요.

A 你在学什么？
B 我在学韩国语。

A 오늘 누구를 만나요?
B 여자 친구를 만나요.

A 你今天要去见谁？
B 见我女朋友。

小贴士

❶ **名词을/를 + 하다 → 名词하다**

在“공부를 하다、수영을 하다、운동을 하다、산책을 하다”等词中，如果省略助词“을/를”，就会变为“공부하다、수영하다、운동하다、산책하다”，但是“좋아하다”“싫어하다”中的“좋아-”“싫어-”并不是一个名词，因此“좋아하다”“싫어하다”本身就是一个动词。

❷ **뭐 해요?**

疑问代词“무엇”可以缩略为“무어”，并且可以进一步缩略为“뭐”。因此“무엇을 해요?”可以变为“뭐를 해요?”，并进一步缩略为“뭘 해요?”或“뭐 해요?”。“뭐 해요?”在口语中比较常用。

- 무엇 → 무어 → 뭐
- 무엇을 해요? → 뭐를 해요? → 뭘 해요? → 뭐 해요?

练习

看图并用“을/를”填空。

（1）

A 민우 씨가 무엇을 해요?

B 노래__________불러요.

(2)

A 웨슬리 씨가 뭐를 해요?

B 한국어______________배워요.

(3)

A 요코 씨가 뭐해요?

B ______________.

(4)

A 티루엔 씨가 뭐 해요?

B ______________.

04 N와/과, N(이)랑, N하고

扫码获取音频与答案

37

저는 수박**과** 딸기를 좋아해요.
我喜欢西瓜和草莓。

= 저는 딸기**와** 수박을 좋아해요.
我喜欢草莓和西瓜。

어제 가방**이랑** 모자를 샀어요.
我昨天买了包和帽子。

= 어제 모자**랑** 가방을 샀어요.
我昨天买了帽子和包。

햄버거**하고** 콜라 주세요.
请给我汉堡包和可乐。

语法解析

1 主要用于罗列各种事物或人，相当于“和、与”。“와 / 과”主要用于文章、发言以及演讲等书面语，而“(이)랑”和“하고”在日常对话中比较常用。以元音结尾的名词后面接“와”或“랑”；以辅音结尾的名词后面接“과”或“이랑”。“하고”的使用与名词以元音结尾还是辅音结尾没有关系。

以元音结尾的名词 + 와 / 랑 / 하고	以辅音结尾的名词 + 과 / 이랑 / 하고
의자**와** 책상이 있습니다. 엄마**랑** 아빠는 회사에 가요. 불고기**하고** 비빔밥을 먹어요.	신문**과** 잡지를 봅니다. 동생**이랑** 저는 아이스크림을 좋아해요. 옷**하고** 운동화를 살 거예요.

2 表示一起做某动作的对象，相当于“与、和”，这时通常与“같이”“함께”等一起使用。

- 내일 친구**하고 같이** 영화를 볼 거예요. 我打算明天和朋友一起看电影。
- 가족**과 함께** 여행을 가고 싶어요. 我想跟家人一起去旅游。
- 우리 선생님**하고 같이** 식사할까요? 我们跟老师一起吃顿饭怎么样?

对话

A 교실에 누가 있습니까?
B 선생님과 학생들이 있습니다.

A 谁在教室里?
B 老师和学生们在教室里。

A 무슨 음식을 좋아해요?
B 냉면이랑 김밥을 좋아해요.

A 你喜欢吃什么?
B 我喜欢吃冷面和紫菜包饭。

小贴士

❶ 表示列举时，“(이)랑”和“하고”可以接在最后一个名词后面，但“와/과”不行。

- 我买了裤子和包。

  바지**랑** 가방을 샀어요. (√)

  바지**하고** 가방을 샀어요. (√)

  바지**와** 가방을 샀어요. (√)

- 我想买衣服和包。

  옷**이랑** 가방**이랑** 사요. (√)

  옷**하고** 가방**하고** 사요. (√)

  옷과 가방과 사요. (×)

❷ 虽然“와/과”“(이)랑”“하고”都可以表示列举，但是不可以混用。

- 我喜欢草莓、香蕉、橘子和柿子。

  저는 딸기**와** 바나나**와** 귤**과** 감을 좋아해요. (√)

  저는 딸기**하고** 바나나**하고** 귤**하고** 감을 좋아해요. (√)

  저는 딸기**랑** 바나나**랑** 귤**이랑** 감을 좋아해요. (√)

  저는 딸기와 바나나하고 귤이랑 감을 좋아해요. (×)

练习

看图并用“와/과”“(이)랑”或“하고”完成句子。

(1)

A 무엇을 좋아해요?

B 비빔밥 ______________ 불고기를 좋아해요.

(2) 

A 어제 집에서 뭘 했어요?

B 청소 ________________ 빨래를 했어요.

(3) 

A 누구하고 여행을 할 거예요?

B 가족 ________________ 여행을 할 거예요.

(4) 

A 누구랑 살아요?

B 재준 씨 ________________ 같이 살아요.

05 N의

扫码获取音频与答案

39

이것은 웨슬리**의** 책이에요.
= 이것은 웨슬리 책이에요.
这是威斯利的书。

이분은 부디 씨**의** 선생님입니다.
= 이분은 부디 씨 선생님입니다.
这位是布迪的老师。

제 이름은 요코입니다.
= 저**의** 이름은 요코입니다.
我叫洋子。

语法解析

“의”表示两个单词之间的所属关系，即后面的单词归前面的单词所有，相当于“……的”。“의”表示这一意义时有两个发音：“의”和“에”，一般多发为“에”。在口语中通常省略。人称代词“나、저、너”与“의”结合后，“의”不省略，但通常会发生缩略，即“나의 → 내”“저의 → 제”“너의 → 네”。在句子中，“의”通常位于所有者和所有物之间。

名词 + 의
리처드**의** 어머니 (= 리처드 어머니) 우리**의** 선생님 (= 우리 선생님) 나**의** 친구/내 친구 저**의** 이름/제 이름 너**의** 책/네 책

对话

40

A 이것은 누구의 우산입니까?
B 재준 씨의 우산입니다.

A 这是谁的雨伞？
B 才俊的。

A 이분은 누구예요?
B 제이슨 씨의 어머니예요.

A 这位是谁？
B 杰森的妈妈。

A 이름이 뭐예요?
B 제 이름은 이민우예요.

A 你叫什么名字？
B 我叫李民宇。

小贴士

在韩国，表示自己所属的团体（家、家庭、公司、国家、学校等）时，通常不用“나”，而是用“우리/저희”。另外，说自己的家庭成员时，一般不用“제、내”，也是用“우리”。但是说自己的“동생（弟弟/妹妹）”时，一般不用“우리”，而是常用“내 동생”或者“제 동생”。

- 내 집 → 우리 집
- 내 가족 → 우리 가족
- 제 회사 → 우리 회사
- 제 나라 → 우리나라
- 제 학교 → 우리 학교
- 내 어머니 → 우리 어머니
- 제 아버지 → 우리 아버지
- 제 언니 → 우리 언니
- 제 남편/아내 → 우리 남편/아내
- 제 딸/아들 → 우리 딸/아들

* 제 동생

当需要尊敬对方时，通常使用“우리”的谦称“저희”，例如“저희 어머니、저희 아버지”等，但是说“나라”时一般不说“저희 나라”，而是用“우리나라”。

练习

看图并用“의”完成句子。

(1)

A 이것은 누구의 가방이에요?

B ________________ 가방이에요.

(저)

(2)

A 그것은 누구의 지갑이에요?

B ________________ 지갑이에요.

(부디 씨)

(3)

A 저 남자분은 누구세요?

B ________________________.

(김 선생님, 남편)

(4)

A 이분은 누구세요?

B 이분은 ____________________.

(우리, 어머니)

06 N에 ①

扫码获取音频与答案

41

친구가 한국**에** 와요.
我朋友要来韩国。

동생이 대학교**에** 다녀요.
我弟弟在上大学。

다음 달에 고향**에** 돌아가요.
我下个月回家。

语法解析

1 “에” 主要与 “가다（去）” “오다（来）” “다니다（往返）” “돌아가다（回去）” “도착하다（到达）” “올라가다（上去）” “내려가다（下去）” 等动词结合，表示动作的方向。

名词 + 에 가다 / 오다
매일 회사**에** 가요. 우리 집**에** 가요. 교회**에** 다녀요.

2 “에” 还可以与 “있다” “없다” 结合，表示人或事物存在的地方，相当于 “在……”。（参考：准备 02 있다）

- 소파 위**에** 강아지가 있어요. 狗在沙发上。
- 지금 집**에** 어머니와 동생이 있어요. 现在，妈妈和弟弟在家。

对话

42

A 어디에 가요?
B 백화점에 가요.

A 你去哪儿？
B 我去购物中心。

A 요코 씨가 생일 파티에 와요?
B 아니요, 안 와요.

A 洋子来参加生日聚会吗？
B 不，她不来。

A 오늘 오후에 뭐해요?
B 서점에 가요.

A 今天下午你要干什么？
B 我去书店。

练习

看图并用“에”完成句子。

（1）

A 캐럴 씨가 어디에 가요?
B ______________________________.

（2）

A 운룡 씨가 학교를 졸업했어요?
B 네, 졸업했어요. 요즘______________________________.

（3）

A 지금 동생이 어디에 있어요?
B ______________________________.

（4）

A 전화기가 어디에 있어요?
B ______________________________.

07 N에 ②

扫码获取音频与答案

43

저는 아침 8시**에** 일어나요.
我早晨8点起床。

3월 2일**에** 한국에 왔어요.
我3月2日来韩国。

토요일**에** 만나요.
咱们星期六见面吧。

语法解析

“에”可以与表示时间的名词结合，表示行动、事情、状态发生的时间，相当于“在……”。使用时也可以与助词“는”“도”结合构成“에는”“에도”。

时间名词 + 에	
년/해（年）	2009년**에**, 작년**에**, 올해**에**, 내년**에**
월/달（月）	4월**에**, 지난달**에**, 이번 달**에**, 다음 달**에**
날（日）	4월 18일**에**, 생일**에**, 어린이날**에**, 크리스마스**에**
요일（星期）	월요일**에**, 토요일**에**, 주말**에**
시간（时间）	한 시**에**, 오전**에**, 오후**에**, 아침**에**, 저녁**에**
계절（季节）	봄**에**, 여름**에**, 가을**에**, 겨울**에**

表示时间的名词中，“그제（그저께）（前天）、어제（어저께）（昨天）、오늘（今天）、내일（明天）、모레（后天）、언제（什么时候）”等后面不接“에”。

- 어제에 친구를 만났어요. (×) → 어제 친구를 만났어요. (√) 我昨天见朋友了。
- 내일에 영화를 볼 거예요. (×) → 내일 영화를 볼 거예요. (√) 我打算明天去看电影。
- 언제에 일본에 가요? (×) → 언제 일본에 가요? (√) 你什么时候去日本?

对话

44

A 보통 몇 시에 자요?
B 보통 밤 11시에 자요.

A 你通常几点睡觉?
B 我通常晚上11点睡觉。

A 언제 고향에 돌아갈 거예요?
B 내년 6월에 돌아갈 거예요.

A 你什么时候回老家?
B 我打算明年6月回去。

A 주말에 시간이 있어요?
B 네, 주말에 시간이 있어요.

A 你周末有时间吗?
B 有时间。

小贴士

表示时间时，如果出现多个时间名词，只在最后一个名词后接“에”。

- 下周六上午10点半见面吧。
  다음 주에 토요일에 오전에 10시 30분에 만나요. (×)
  다음 주 토요일 오전 10시 30분에 만나요. (√)

练习

看图并用“에”完成句子。

(1)

A 일요일 몇 시에 만나요?
B ________________.

(2)

A 한국에 언제 왔어요?
B ________________.

(3)

A 댄 씨의 생일 파티를 언제 해요?

B ______________________________.

(4)

A 부디 씨는 언제 결혼해요?

B ______________________________.

08 N에서

扫码获取音频与答案

45

학교에 가요. 학교**에서** 공부를 해요.
我去学校。我在学校里学习。

극장에 갔어요. 극장**에서** 영화를 봤어요.
我去电影院了。我在电影院看电影了。

식당에 갈 거예요. 식당**에서** 밥을 먹을 거예요.
我打算去食堂。我要在食堂里吃饭。

语法解析

名词后接“에서”时，表示动作发生的场所，相当于“在……（做……）”。

地点名词 + 에서
백화점**에서** 쇼핑해요.
도서관**에서** 공부해요.
우체국**에서** 편지를 보내요.
커피숍**에서** 커피를 마셔요.
헬스클럽**에서** 운동해요.

对话

46

A 어디에서 살아요?
B 서울에서 살아요.

A 你住在哪里？
B 我住在首尔。

A 어제 뭐 했어요?
B 명동에서 친구를 만났어요.

A 你昨天做什么了？
B 我在明洞跟朋友见面了。

A 내일 뭐 할 거예요?
B 도서관에서 공부할 거예요.

A 你明天干什么？
B 我要在图书馆学习。

小贴士

动词“살다”前既可以接“에”，也可以接“에서”，二者表达的意思几乎没有差别。

- 저는 서울**에** 살아요. (√) **表示在首尔生活或存在的状态。**
- 저는 서울**에서** 살아요. (√) **强调在首尔生活的动作。**

它们有什么区别?

에

表示人或事物所处的位置或者移动的目的地，主要与表示移动、位置、存在的动词一起使用，含有“静态”的意味。

- 시청은 서울**에** 있어요. (√)
  市政府设在首尔。
- 집**에** 에어컨이 없어요. (√)
  我家里没有空调。
- 식당에 밥을 먹어요. (×)
- 학교에 한국어를 배웠어요. (×)

에서

表示动作发生的场所，可以与各种动词一起使用，含有“动态”的意味。

- 시청은 서울에서 있어요. (×)
- 집에서 에어컨이 없어요. (×)
- 식당**에서** 밥을 먹어요. (√)
  （我）在食堂吃饭。
- 학교**에서** 한국어를 배웠어요. (√)
  （我）在学校学习了韩国语。

练习

看图并用“에서”完成句子。

(1)

A 어디에서 일해요?

B ______________________.

(2)

A 어디에서 기차를 타요?

B ______________________.

(3)

A 토요일에 뭐 할 거예요?

B ______________________.

(4)

A 어제 저녁에 뭐 했어요?

B ______________________.

09 N에서 N까지, N부터 N까지

扫码获取音频与答案

47

학교**에서** 집**까지** 걸어왔어요.
我从学校走回家。

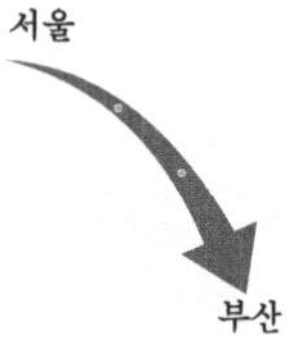

서울**에서** 부산**까지** 시간이 얼마나 걸려요?
从首尔到釜山需要多长时间？

오전 9시**부터** 오후 5시**까지** 일해요.
我上午9点到下午5点工作。

语法解析

两个语法都表示某行为发生的场所或时间的范围，相当于"从……到……"。表示场所范围时，通常使用"地点1에서 地点2까지"；表示时间范围时，通常使用"时间1부터 时间2까지"。有时二者可以混用。

地点1에서 地点2까지（场所范围）	时间1부터 时间2까지（时间范围）
집**에서** 학교**까지** 버스로 20분쯤 걸려요. 한국**에서** 일본**까지** 배로 갈 수 있어요. 여기**에서** 저기**까지** 몇 미터(m)예요? = 여기**부터** 저기**까지** 몇 미터(m)예요?	점심시간은 오후 1시**부터** 2시**까지**입니다. 월요일**부터** 금요일**까지** 학교에 가요. 7월**부터** 8월**까지** 방학이에요. = 7월**에서** 8월**까지** 방학이에요.

对话

48

A 여기에서 학교까지 멀어요?
B 네, 버스로 한 시간쯤 걸려요.

A 从这儿到学校远吗?
B 远，坐公交车大概需要一个小时。

A 이 도서관은 토요일에 문을 엽니까?
B 네, 토요일은 오전 10시부터 오후 4시까지 엽니다.

A 这家图书馆星期六开门吗?
B 开门，星期六从上午10点到下午4点开门。

A 명동에서 동대문까지 어떻게 가요?
B 지하철 4호선을 타고 가세요.

A 从明洞到东大门怎么走?
B 坐地铁4号线就可以。

练习

看图并用“에서~까지”或“부터~까지”完成下列句子。

（1）

A 서울__________도쿄__________얼마나 걸립니까?
B 비행기로 1시간 걸립니다.

（2）

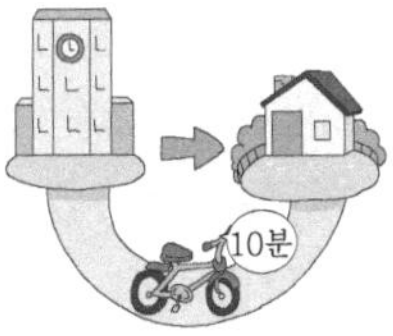

A ________________________얼마나 걸려요?
B 자전거로 10분 걸려요.

（3）

A 몇 시부터 몇 시까지 점심시간이에요?
B 오후 1시__________2시__________점심시간입니다.

（4）

A 언제부터 언제까지 학교 축제예요?
B ________________________학교 축제예요.

10 N에게/한테

扫码获取音频与答案

49

재준 씨가 캐럴 씨**에게** 선물을 줍니다.
才俊给卡罗尔送了礼物。

선생님이 학생들**에게** 한국어를 가르칩니다.
老师教学生们韩国语。

동생이 개**한테** 밥을 줘요.
妹妹在喂狗。

语法解析

“에게 / 한테”接在表示人或动物的名词后，表示该名词是谓语动作的承受对象。“한테”比“에게”更口语化一些。当前面的名词不是人或动物（如植物、物品、场所等）时，要用“에”。

并不是所有的动词都可以和助词“에게 / 한테”连用，只有部分动词可以与其一起使用。这些动词主要有“주다（给）、선물하다（送礼物）、던지다（扔）、보내다（送）、부치다（邮寄）、붙이다（贴）、쓰다（写）、전화하다（打电话）、묻다（问）、가르치다（教）、말하다（说）、팔다（卖）、가다（去）、오다（来）”等。

人、动物 + 에게 / 한테	事物、植物、地点 + 에
개**에게** 줘요	나무**에** 물을 줘요
친구**에게** 소포를 보내요	중국**에** 소포를 보내요
선생님**한테** 물어봐요	회사**에** 물어봐요
친구**한테** 전화해요	사무실**에** 전화해요
아기가 엄마**한테** 와요	친구가 우리 집**에** 와요

对话

(50)

A 누구한테 편지를 써요?
B 고향 친구한테 편지를 써요.

A 你在给谁写信？
B 我给故乡的朋友写信。

A 왜 꽃을 샀어요?
B 여자 친구한테 선물할 거예요.

A 你为什么买花？
B 我想送给女朋友。

A 선생님, 남산 도서관 전화번호가 몇 번이에요?
B 미안해요. 잘 몰라요. 114에 전화해 보세요.

A 老师，南山图书馆的电话号码是多少？
B 对不起，我不太清楚。你打114吧。

小贴士

❶ 如果是给朋友或晚辈东西，可以使用“에게 주다”。当对方是社会地位高或需要尊敬的对象（爷爷、奶奶、爸爸、妈妈、老师、领导等）时，需要把“에게/한테”变为“께”，把“주다”变为“드리다”。（参考：关于韩国语 05 敬语）

- 나는 할아버지**에게** 선물을 주었습니다. → 나는 할아버지**께** 선물을 **드렸**습니다.
  我给爷爷送了礼物。
- 사장님**에게** 전화를 했습니다. → 사장님**께** 전화를 **드렸**습니다.
  我给社长打了电话。
- 아버지**에게** 말했습니다. → 아버지**께 말씀드렸**습니다.
  我告诉了爸爸。

❷ 当从别人那里收到某件东西或学到什么东西时，一般使用“에게서 받다/배우다”“한테서 받다/배우다”，但这时可以省略“서”，变为“에게 받다/배우다”“한테 받다/배우다”。当对方是社会地位高或者需要尊敬的对象时，要把“에게서”“한테서”变为“께”。

- 我过生日时，从朋友那里收到了礼物。
  내 생일에 친구**에게서** 선물을 받았습니다.
  = 내 생일에 친구**에게** 선물을 받았습니다.
- 我跟李静雅老师学习韩国语。
  이정아 선생님**한테서** 한국말을 배웠습니다.
  = 이정아 선생님**한테** 한국말을 배웠습니다.
- 어렸을 때 할아버지**께** 한자를 배웠습니다.
  我小时候跟爷爷学习汉字。

练习

看图并用“에(게)/한테”填空。

（1）

캐럴 씨가 남자 친구__________전화해요.

（2）

아이가 칠판__________그림을 그립니다.

（3）

댄 씨가_________________공을 던집니다.

（4）

요코 씨가 꽃__________물을 줍니다.

11 N도

扫码获取音频与答案

51

무쿨 씨는 인도 사람이에요.
그리고 친구**도** 인도 사람이에요.
穆库尔是印度人，他的朋友也是印度人。

아버지는 키가 커요.
그리고 저**도** 키가 커요.
爸爸个子高，我个子也高。

왕징 씨는 사과를 좋아해요.
그리고 딸기**도** 좋아해요.
王晶喜欢苹果，也喜欢草莓。

语法解析

“도”接在充当主语或宾语的名词之后，表示在前面主语或宾语的基础上进一步添加，相当于“也”，还可以表示主语或宾语的罗列。

名词 + 도
나는 한국 사람입니다. 그리고 친구**도** 한국 사람입니다. 아버지는 돈이 많습니다. 그리고 시간**도** 많습니다. 나는 사과를 좋아합니다. 그리고 수박**도** 좋아합니다. 나는 공부를 잘합니다. 그리고 운동**도** 잘합니다.

主格助词后如果添加“도”，通常要省略主格助词，只用“도”。

- 我是韩国人，我的朋友也是韩国人。

나는 한국 사람이에요. 그리고 친구**는도** 한국 사람이에요. (×)
나는 한국 사람이에요. 그리고 친구**도** 한국 사람이에요. (√)

宾格助词后如果使用“도”，通常也要省略宾格助词“을 / 를”，只用“도”。

- 我喜欢苹果，也喜欢草莓。

  나는 사과를 좋아해요. 그리고 딸기**를도** 좋아해요. (×)

  나는 사과를 좋아해요. 그리고 딸기**도** 좋아해요. (√)

“도”与除主格助词、宾格助词之外的其他助词一起使用时，“도”前面的助词不能省略。

- 我在日本有朋友，在美国也有朋友。

  일본에 친구가 있어요. 그리고 미국**에도** 친구가 있어요. (√)

  일본에 친구가 있어요. 그리고 미국**도** 친구가 있어요. (×)

- 我在家里学习，也在图书馆学习。

  집에서 공부해요. 그리고 도서관**에서도** 공부해요. (√)

  집에서 공부해요. 그리고 도서관**도** 공부해요. (×)

- 我给朋友送了礼物，也给弟弟送了礼物。

  친구에게 선물을 주었어요. 그리고 동생**에게도** 선물을 주었어요. (√)

  친구에게 선물을 주었어요. 그리고 동생**도** 선물을 주었어요. (×)

对话

52

A 무엇을 먹을 거예요?
B 비빔밥을 먹을 거예요.
그리고 된장찌개도 먹을 거예요.

A 你想吃什么？
B 我想吃拌饭，
还想喝大酱汤。

A 요즘 무엇을 배워요?
B 한국어를 배워요.
그리고 태권도도 배워요.

A 你最近在学什么？
B 我在学习韩国语，
还有跆拳道。

A 어제 생일 파티에 누가 왔어요?
B 마틴 씨가 왔어요.
그리고 요코 씨도 왔어요.

A 昨天谁来参加你的生日聚会了？
B 马丁来了，
洋子也来了。

练习

看图并用“도”完成句子。

(1)

A 무슨 음식을 좋아해요?

B 불고기를 좋아해요. 그리고 비빔밥 ________________ 좋아해요.

(2)

A 누가 예뻐요?

B 하영 씨가 예뻐요.

그리고________________.

(3)

A 어제 누구를 만났어요?

B 친구를________________.

그리고 여자 친구________________.

(4)

A 어제 시장에서 무엇을 샀어요?

B 바지를________________.

그리고________________________.

12 N만

扫码获取音频与答案

53

오늘 학교에 캐럴 씨**만** 왔어요.
今天只有卡罗尔来学校了。

댄 씨는 야채는 안 먹어요. 고기**만** 먹어요.
戴恩不吃菜，只吃肉。

5분**만** 기다려 주세요.
请等我 5 分钟。

语法解析

“만”表示排除其他，只选择一个，相当于“只”。接在数字后面时，表示数量的最低限度。“만”通常接在被选择的某人或某物之后。

名词 + 만
캐럴 씨는 바지**만** 입어요. 그 식당은 월요일**만** 쉬어요. 영원히 제니퍼 씨**만** 사랑할 거예요. 우리 아이는 하루 종일 게임**만** 해요.

助词“만”在句子中既可以代替助词“이 / 가”“은 / 는”“을 / 를”，也可以与它们一起使用。当与助词一起使用时，“만”后面出现“이”“은”“을”时，要分别变为“만이”“만은”“만을”。

- （班里）只有俊浩考上了大学。

  준호만 대학에 입학했어요. (√)

  준호**만이** 대학에 입학했어요. (√)

• 民宇不看其他的书，只看漫画书。

민우는 다른 책은 안 읽고 만화책**만** 읽어요. (√)

민우는 다른 책은 안 읽고 만화책**만을** 읽어요. (√)

但当“만”与除“이 / 가”“은 / 는”“을 / 를”之外的其他助词一起使用时，“만”要出现在它们的后面，并分别变为“에서만”“에게만”“까지만”等。

• 我女儿只在学校里学习，在家不学习。

우리 딸은 학교**에서만** 공부하고 집에서는 공부하지 않아요. (√)

우리 딸은 학교만에서 공부하고 집에서는 공부하지 않아요. (×)

• 我只给俊浩送了礼物。

준호 씨**에게만** 선물을 줬어요. (√)

준호 씨만에게 선물을 줬어요. (×)

• 杰森只学习到 12 点。

제이슨 씨는 12시**까지만** 공부하고 자요. (√)

제이슨 씨는 12시만까지 공부하고 자요. (×)

对话

54

A 학생들이 다 왔어요?

B 부디 씨만 안 왔어요.
다른 학생들은 다 왔어요.

A 学生们都来了吗？

B 只有布迪没来，
其他学生都来了。

A 커피에 설탕과 크림 다 넣으세요?

B 설탕만 넣어 주세요.

A 咖啡里糖和奶油都放吗？

B 只放糖就可以。

练习

看图并用“만”完成句子。

（1）

A 캐럴 씨와 댄 씨는 모두 미국 사람이에요?

B 아니요, ______________________________.

(캐럴 씨)

（2）

A 동생에게도 편지를 썼어요?

B 아니요, ______________________________.

(부모님)

（3）

A 남편이 집에서도 회사 일을 해요?

B 아니요, ______________________________.

(회사)

13 N밖에

扫码获取音频与答案

55

사과가 한 개**밖에** 안 남았어요.
只剩下一个苹果了。

냉장고에 우유**밖에** 없어요.
冰箱里只有牛奶。

선물을 한 개**밖에** 못 받았어요.
他只收到了一件礼物。

语法解析

“밖에”表示唯一可能的选择，相当于“只”或者“……之外”。“밖에”前面的单词一般包含很小或者数量很少的含义，其后必须接否定形。

	否定形	例句
名词 + 밖에	안 (= -지 않다)	학생들이 두 명**밖에** 안 왔어요.
	못 (= -지 못하다)	그 돈으로는 사과를 한 개**밖에** 못 사요.
	없어요	음식이 조금**밖에** 없어요.
	몰라요	한국어는 ‘안녕하세요’ **밖에** 몰라요.

虽然“밖에”后通常出现否定形，但是其后却不能接“아니다”，也不能用于命令句和共动句。

- 민우는 학생밖에 아니에요. (×)
- 你只买一点儿西红柿就可以了。
  토마토를 조금밖에 사지 마세요. (×)
  토마토를 조금만 사세요. (√)

• 我们就等 10 分钟吧。

10분밖에 기다리지 맙시다. (×)

10분만 기다립시다. (√)

（参考：单元 3 助词 12 N만, 16 N(이)나 ②）

对话

56

A 그 책을 많이 읽었어요?

B 어려워서 다섯 쪽밖에 못 읽었어요.

A 那本书你看了很多了吗?

B 太难了，只看了5页。

A 파티에 사람들이 많이 왔어요?

B 30명을 초대했어요.
그런데 20명밖에 안 왔어요.

A 聚会上来了很多人吗?

B 邀请了30个人，
但是只来了20个。

A 시간이 얼마나 남았어요?

B 10분밖에 안 남았어요.

A 还剩多长时间?

B 只剩下10分钟了。

● 它们有什么区别?

虽然“밖에”与“만”的意思相近，但是“만”之后既可以接肯定形，也可以跟否定形，而“밖에”后只能接否定形。

밖에	만
• 教室里只有才俊。 교실에 재준 씨밖에 있어요. (×) 교실에 재준 씨**밖에** 없어요. (√)	• 교실에는 재준 씨**만** 있어요. (√) 教室里只有才俊。 교실에는 재준 씨**만** 없어요. (√) 只有才俊不在教室里。 **其他的学生都在教室里。**
• 我在商店里只买了水果。 가게에서 과일밖에 샀어요. (×) 가게에서 과일**밖에** 안 샀어요. (√)	• 가게에서 과일**만** 샀어요. (√) 我在商店里只买了水果。 가게에서 과일**만** 안 샀어요. (√) 我在商店里唯独没买水果。 **我买了很多其他的东西。**

练习

看图并用“밖에”填空。

（1）

A 집에서 회사까지 시간이 많이 걸려요?

B 아니요, 집에서 회사까지 10분____________ 안 걸려요.

（2）

A 어제 많이 잤어요?

B 아니요, 세 시간 ______________ 못 잤어요.

（3）

A 반에 여학생이 많아요?

B ______________________.

（4）

A 집에 에어컨이 있어요?

B 아니요, ______________________.

14 N(으)로

扫码获取音频与答案

57

여기에서 오른쪽**으로** 가세요.
请从这里向右拐。

서울에서 제주도까지 비행기**로** 가요.
我从首尔坐飞机到济州岛。

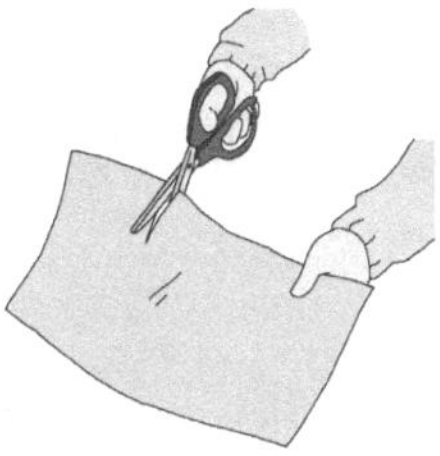

가위**로** 종이를 잘라요.
他用剪刀剪纸。

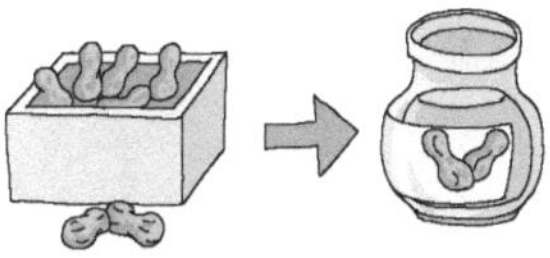

땅콩**으로** 잼을 만들었어요.
人们用花生做花生酱。

语法解析

1 表示朝着某个方向，相当于“向……”。当前面的名词以元音或“ㄹ”结尾时，用“로”；以其他辅音结尾时，用“으로”。

- 오른쪽**으로** 가세요. 은행이 나와요. 请向右拐，那边就有银行。
- 앞**으로** 쭉 가세요. 우체국이 있어요. 请一直向前走，就能看到邮局。

2 也可以表示“移动方式”“手段”“工具”“材料”，这时相当于“通过……”或者“用……”。

- 부산에 기차**로** 갈 거예요. 我打算坐火车去釜山。
- 가위**로** 종이를 잘라요. 我用剪刀剪纸。
- 밀가루**로** 빵을 만들어요. 我用面粉做面包。

以元音或“ㄹ”结尾的名词 + 로	以辅音结尾的名词 + 으로
버스**로** 가요.	왼쪽**으로** 가세요.
비행기**로** 왔어요.	오른쪽**으로** 가세요.
지하철**로** 갈 거예요.	트럭**으로** 가요.
한국어**로** 말하세요.	콩**으로** 만들어요.
칼**로** 잘라요.	젓가락**으로** 먹어요.

对话

58

A 실례합니다. 은행이 어디에 있어요?
B 저 약국 앞에서 오른쪽으로 가세요.

A 不好意思，请问哪里有银行？
B 从药店前向右拐就可以了。

A 서울에서 부산에 어떻게 가요?
B 기차로 가세요. 기차가 빨라요.

A 从首尔怎么去釜山？
B 坐火车去吧，火车快。

A 이 과자가 맛있어요. 뭐로 만들었어요?
B 이 과자는 쌀로 만들었어요.

A 这种点心真好吃，是用什么做的？
B 是用大米做的。

A 한국 사람은 숟가락으로 밥을 먹어요.
B 일본 사람은 젓가락으로 밥을 먹어요.

A 韩国人用勺子吃米饭。
B 日本人用筷子吃米饭。

小贴士

当移动方式不是名词而是动词时，要用“-아/어서”，如“걸어서、뛰어서、달려서、운전해서、수영해서……”。

- 학교에서 집까지 **걸어서** 가요. 我从学校走着回家。
- 서울에서 부산까지 **운전해서** 갔어요. 我从首尔开车去釜山。
- 부산에서 제주도까지 **수영해서** 갈 거예요. 我打算从釜山游泳去济州岛。

● 它们有什么区别?

❶ "차로 왔어요" 与 "운전해서 왔어요" 有什么区别?

"차로 왔어요" 表示是坐车来的，既可以是主语开车，也可以是其他人开车，但是 "운전해서 왔어요" 则指是主语开车来的。

민우 씨가 차로 왔어요.	민우 씨가 운전해서 왔어요.
只要民宇是坐车来的，不管开车的人是不是民宇，都可以使用这种表达方式。	只有当民宇是司机时，才可以使用这种表达方式。

❷ "(으)로 가다" 与 "에 가다" 有什么区别?

"(으)로 가다"不仅可以用于表示具体的目的地，还用于强调方向性，表示朝某个方向去；而 "에 가다" 只强调目的地，没有方向性。

(으)로 가다	에 가다
에릭 씨가 집**으로 가**요. (√) 埃里克回家。 오른쪽**으로 가**세요. (√) 请向右走。	에릭 씨가 집**에 가**요. (√) 埃里克回家。 오른쪽**에 가**세요. (×)

练习

看图并用 "(으)로" 完成下列句子。

(1)

A 집에서 회사까지 어떻게 가요?

B ________________가요.

C ________________가요.

D ________________가요.

(2)

A 집에서 한강공원까지 어떻게 가요?

B ________________가요.

(3)

숙제를 ____________ 하지 마세요. ____________ 쓰세요.

(4)

계란하고 밀가루 ________________ 빵을 만들어요.

15 N(이)나 ①

扫码获取音频与答案

59

아침에 빵**이나** 밥을 먹어요.
他早饭会吃面包或米饭。

목이 말라요. 물**이나** 주스 주세요.
我渴了，请给我水或果汁。

방학에 제주도**나** 설악산에 가고 싶어요.
假期我想去济州岛或雪岳山。

语法解析

“(이)나”表示从罗列的两个或更多的名词中选择一个，相当于“或”。当前面的名词以元音结尾时，用“나”；以辅音结尾时，用“이나”。动词或形容词词干后面接“거나”。(参考：单元 4 罗列与对比 02 V-거나)

以元音结尾的名词 + 나	以辅音结尾的名词 + 이나
잡지**나** 신문을 봐요. 딸기**나** 수박을 사요. 우유**나** 물을 마셔요. 바다**나** 산에 가요. 축구**나** 수영을 해요.	신문**이나** 잡지를 봐요. 수박**이나** 딸기를 사요. 물**이나** 우유를 마셔요. 산**이나** 바다에 가요. 수영**이나** 축구를 해요.

“(이)나”出现在主格助词后面时，通常要省略主格助词“이 / 가”，只使用“(이)나”。出现在宾格助词后面时，也要省略宾格助词“을 / 를”，只使用“(이)나”。

- 어머니가나 아버지가 요리해요. (×) → 어머니**나** 아버지가 요리해요. (√)
  妈妈或爸爸做饭。
- 빵을이나 밥을 먹어요. (×) → 빵**이나** 밥을 먹어요. (√)
  (我) 吃面包或米饭。

当“(이)나”与助词“에、에서、에게”一起使用时，既可以在前面的单词后接“(이)나”，同时在后面的单词后接“에、에서、에게”，也可以在助词后接“(이)나”，构成“에나、에서나、에게나”的形态。但只使用一次“(이)나”时，句子会更自然一些。

- 토요일**에나** 일요일**에** 운동해요. (√) = 토요일**이나** 일요일**에** 운동해요. (√)
  （我）星期六或星期天运动。
- 산**에나** 바다**에** 가요. (√) = 산**이나** 바다**에** 가요. (√)
  （我）想爬山或去海边。
- 공원**에서나** 커피숍**에서** 데이트해요. (√) = 공원**이나** 커피숍**에서** 데이트해요. (√)
  （我们）在公园或咖啡厅约会。
- 선생님**에게나** 한국 친구**에게** 질문해요. (√) = 선생님**이나** 한국 친구**에게** 질문해요. (√)
  （我）向老师或韩国朋友请教。

对话

A 무엇을 살 거예요?
B 구두나 가방을 살 거예요.

A 你要买什么？
B 我打算买皮鞋或包。

A 이 문법 문제를 잘 모르겠어요.
B 이 선생님이나 김 선생님에게 물어보세요.

A 我不明白这个语法。
B 问一下李老师或金老师吧。

练习

看图并用“(이)나”填空。

(1)

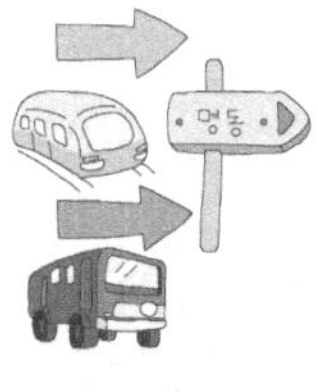

A 명동에 어떻게 가요?
B 지하철________________버스를 타세요.

(2)

A 어디에서 책을 읽을 거예요?
B 도서관________________공원에서 읽을 거예요.

(3)

A 방학에 어디에 갈 거예요?
B ________________갈 거예요.

16 N(이)나 ②

扫码获取音频与答案

61

친구를 두 시간**이나** 기다렸어요.
我等朋友等了两个小时。

아이가 여덟 명**이나** 있어요.
他们家有八个孩子。

사과가 맛있어요. 그래서 열 개**나** 먹었어요.
苹果很好吃，他一口气吃了十个。

语法解析

“(이)나” 表示数量比期待的多很多，或者超过了普通人认为的一般水准，相当于“多达”或者“不少于”。以元音结尾的名词后使用“나”，以辅音结尾的名词后使用“이나”。

以元音结尾的名词 + 나	以辅音结尾的名词 + 이나
바나나를 일곱 개**나** 먹었어요. 한 시간 동안 30페이지**나** 읽었어요.	친구에게 다섯 번**이나** 전화했어요. 어제 열두 시간**이나** 잤어요.

（参考：单元 3 助词 13 N밖에）

对话

62

A 어제 술을 많이 마셨어요?
B 네, 맥주를 열 병이나 마셨어요.

A 你昨天喝了很多酒吗?
B 是的，喝了10瓶啤酒。

A 기차 시간이 얼마나 남았어요?
B 30분이나 남았어요.

A 离火车到站还有多长时间?
B 还有30分钟。

A 마틴 씨는 자동차가 많아요?
B 네, 5대나 있어요.

A 马丁有很多车吗?
B 是的，有5辆。

● 它们有什么区别?

“밖에”表示数量比期待的少或者没有达到一般的水准，而“(이)나”则表示数量比期待的多或者超过了一般的水准。对于相同的数量，有的人或许觉得比期待的少，有的人或许觉得比期待的多，这时可以分别用“밖에”和“(이)나”。

- 물이 반**밖에** 없어요. 只剩一半水了。
  数量少于预期。
- 물이 반**이나** 있어요. 还有一半水。
  数量多于预期。

A 우리는 아이가 네 명**밖에** 없어요. 我家只有四个孩子。
认为数量不是太多。

B 네 명**이나** 있어요? 저는 한 명인데요. 四个? 我家只有一个。
认为数量比一般的要多。

A 이번 시험에서 80점**이나** 받았어요. 这次考了80分呢!
戴恩平时的成绩是 70 分左右，因此对于他来说，80 分是一个好于预期的成绩。

B 이번 시험에서 80점**밖에** 못 받았어요. 这次只考了80分。
王晶平时的成绩是 90 分左右，因此对于她来说，80 分比预期的成绩要差。

练习

看图并用“(이)나”完成下列句子。

(1)

A 오늘 길이 너무 막혔어요.

B 맞아요. 회사까지 ______________ 걸렸어요.
(1시간)

(2)

A 그 영화가 재미있어요?

B 네, 너무 재미있어요. 그래서 ______________ 봤어요.
(3번)

(3)

A 책이 그렇게 어려워요?

B 네, ______________ 읽었어요. 그런데 아직도 모르겠어요.
(5번)

(4)

A 조엘 씨 집에는 개가 정말 많아요.

B 몇 마리 있어요?

A ______________ 있어요.
(10마리)

(5)

A 티루엔 씨는 커피를 정말 많이 마셔요.

B 맞아요. 하루에 ______________ 마셔요.
(6잔)

17 N쯤

扫码获取音频与答案

63

파티에 20명**쯤** 왔어요.
这次聚会来了大约 20 个人。

공항에 한 시**쯤** 도착했어요.
他在 1 点左右到达了机场。

요즘 토마토가 3,000원**쯤** 해요.
最近，西红柿的价格是（每千克）3000 韩元左右。

语法解析

“쯤”接在数字、数量、时间名词后，表示大概，相当于“大约、左右”。

名词 + 쯤
한 시**쯤** 만납시다. 10,000원**쯤** 있어요. 두 달**쯤** 배웠어요. 5번**쯤** 만났어요.

对话

64

A 내일 몇 시쯤 만날까요?
B 1시쯤 어때요?
수업이 12시 50분에 끝나요.

A 明天我们大概几点见面？
B 1点左右怎么样？
我12点50分下课。

A 학교에서 집까지 얼마나 걸려요?
B 버스로 30분쯤 걸려요.

A 从学校到你家大概需要多长时间?
B 坐公交车大概30分钟。

A 한국에 언제 오셨어요?
B 1년 전쯤 왔어요.

A 你什么时候来韩国的?
B 大概一年前。

小贴士

表示大概的价格时，比起“名词쯤이다”，“名词쯤 하다”更常用。

A 사과가 요즘 얼마**쯤 해**요? 最近，苹果的价格怎么样?
B 요즘 3개에 2,000원**쯤 해**요. 3个苹果大概要2000韩元。

A 중국까지 비행기 표가 얼마**쯤 해**요? 飞中国的机票大概多少钱?
B 글쎄요, 300,000원**쯤 할** 거예요. 这个嘛，大概30万韩元。

练习

看图并用“쯤”完成下列句子。

(1)

A 오늘 몇 시에 일어났어요?
B ______________________________.

(2)

A 고향까지 얼마나 걸려요?
B ______________________________.

(3)

A 영국에서 얼마나 여행했어요?
B ______________________________.

(4)

A 남대문 시장에서 청바지가 얼마쯤 해요?
B ______________________________.

18 N처럼, N같이

扫码获取音频与答案

가수**처럼** 노래를 잘 불러요.
他唱歌唱得像歌手一样好。

하영 씨는 천사**같이** 착해요.
夏英像天使一样善良。

영화배우**같이** 잘생겼어요.
（他）长得跟电影明星一样帅。

语法解析

“처럼 / 같이”表示后句内容与前面的名词相同或相似，相当于“像”。两者意思差别不大，可以混用。

名词 + 처럼 / 같이
인형**처럼** 예뻐요. = 인형**같이** 예뻐요.
아기**처럼** 웃어요. = 아기**같이** 웃어요.
엄마**처럼** 친절해요. = 엄마**같이** 친절해요.
실크**처럼** 부드러워요. = 실크**같이** 부드러워요.
하늘**처럼** 높아요. = 하늘**같이** 높아요.

对话

A 민우 씨 여자 친구가 예뻐요?
B 네, 미스코리아처럼 예뻐요.

A 民宇的女朋友漂亮吗？
B 像韩国小姐一样漂亮。

A 남자 친구가 어때요?
B 코미디언같이 재미있어요.

A 你男朋友怎么样?
B 他像喜剧演员一样有趣。

A 서울이 복잡해요?
B 네, 일본 도쿄처럼 복잡해요.

A 首尔堵车吗?
B 跟日本东京一样，堵得厉害。

小贴士

韩国语中“처럼/같이”也可以用于借某种动物或自然物表达某种特征。例如，说令人感到害怕时，可以用“호랑이처럼 무섭다”，说人可爱时用“토끼처럼 귀엽다”，说动作慢时用“거북이처럼 느리다”，说人胖时用“돼지처럼 뚱뚱하다”，说心胸宽广时用“바다처럼 마음이 넓다”等。

练习

看图并在下列括号内填入正确的插图编号。

ⓐ ⓑ ⓒ ⓓ ⓔ ⓕ

(1) 우리 언니는 요리사처럼 요리를 잘해요. (　　)
(2) 슬퍼서 아이처럼 울었어요. (　　)
(3) 눈이 별처럼 빛나요. (　　)
(4) 우리 할아버지는 호랑이처럼 무서워요. (　　)
(5) 돌고래처럼 수영을 잘해요. (　　)
(6) 우리는 가족같이 친해요. (　　)

19 N보다

扫码获取音频与答案

67

비행기가 기차**보다** 빨라요.
= 기차**보다** 비행기가 빨라요.
飞机比火车快。

동생이 언니**보다** 더 커요.
= 언니**보다** 동생이 더 커요.
妹妹比姐姐高。

백화점이 시장**보다** 더 비싸요.
= 시장**보다** 백화점이 더 비싸요.
购物中心比市场贵。

语法解析

“보다”表示以前面的名词为比较标准，相当于“比……”。通常以“名词 1 이 / 가 名词 2 보다 -하다”或“名词 2 보다 名词 1 이 / 가 -하다”的形态出现。“보다”通常与“더”“덜”等副词一起使用，这些副词有时候可以省略。

名词 + 보다
사과**보다** 딸기를 (더) 좋아해요. 동생**보다** 수영을 (더) 잘해요. 어제**보다** 오늘이 (덜) 추워요. 작년**보다** 올해 눈이 많이 왔어요.

对话

68

A 봄을 좋아해요, 여름을 좋아해요?
B 여름보다 봄을 더 좋아해요.

A 你喜欢春天还是夏天?
B 比起夏天，我更喜欢春天。

A 댄 씨, 토요일이 바빠요,
일요일이 바빠요?
B 저는 일요일에 교회에 가요.
그래서 일요일이 더 바빠요.

A 戴恩，你星期六忙，
还是星期天忙?
B 我星期天去做礼拜，
所以星期天更忙。

A 제주도하고 서울하고
어디가 더 따뜻해요?
B 제주도가 더 따뜻해요.

A 济州岛和首尔相比，
哪里更暖和?
B 济州岛更暖和。

练习

看图并用“보다”完成下列句子。

（1）

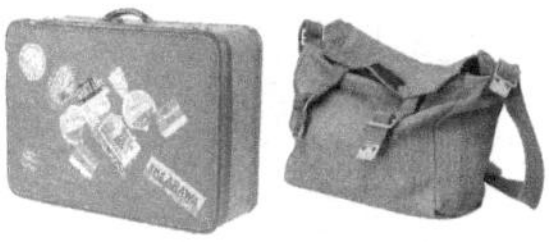

(적비, 5kg)　(운룡, 3kg)

A 누구의 가방이 더 무거워요?
B ______________________.

（2）

A 소파가 편해요, 의자가 편해요?
B ______________________.

（3）

(₩30,000)　(₩50,000)

A 어느 것이 더 싸요?
B ______________________.

（4）

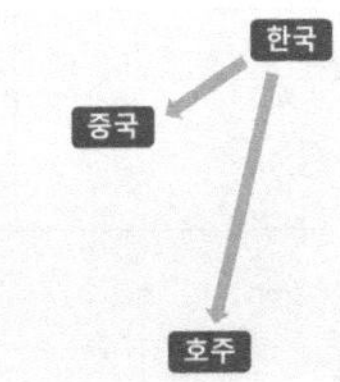

A 한국에서 어느 나라가 더 가까워요?
B ______________________.

20 N마다

扫码获取音频与答案

69

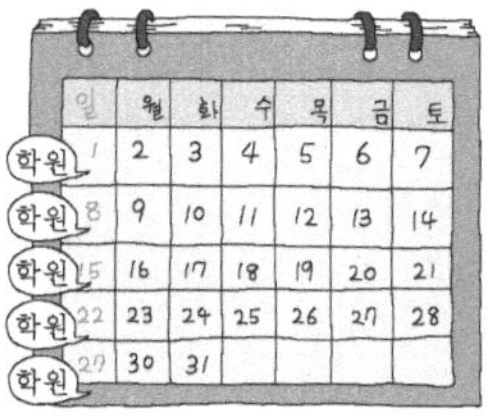

웨슬리 씨가 일요일**마다** 학원에 가요.
威斯利每个星期天都会去参加培训班。

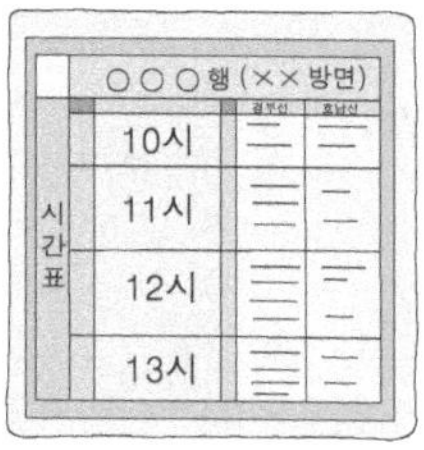

기차는 한 시간**마다** 있어요.
火车每小时都有一趟。

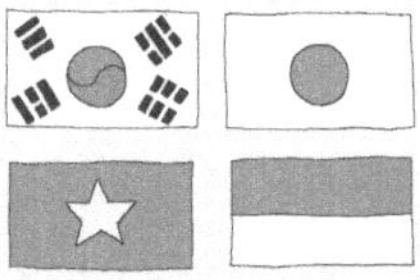

나라**마다** 국기가 달라요.
每个国家的国旗都不一样。

语法解析

1 "마다" 接在时间名词后，表示在一定的时间内，相似的行为或状况反复出现，相当于"每"。

- 두 달**마다** 머리를 잘라요. 我每两个月理一次发。
- 오 분**마다** 지하철이 와요. 地铁每5分钟一趟。

2 "마다" 还表示"一个也不落""所有的"，相当于"每"，也要接在名词后面。

- 주말**마다** 여행을 가요. 我每个周末都出去旅游。
- 점심시간에는 식당**마다** 자리가 없어요. 午饭时间，每家餐厅都没有座位。

名词 + 마다
1시간**마다** 버스가 출발해요. 날**마다** 청소해요. 해**마다** 외국 여행을 해요. 토요일**마다** 가족하고 전화해요.

对话

70

A 이번 주 금요일 저녁에 시간 있어요?
B 금요일마다 태권도를 배워요.
그래서 시간이 없어요.

A 这个星期五晚上你有时间吗?
B 我每周五学习跆拳道,
所以没有时间。

A 비행기가 자주 있어요?
B 이틀마다 있어요.

A (去往某地的)航班多吗?
B 每两天一班。

A 컴퓨터가 교실마다 있어요?
B 네, 모든 교실에 다 있어요.

A 每间教室里都有电脑吗?
B 是的，所有的教室里都有。

小贴士

❶ "날마다、일주일마다、달마다、해마다"可以替换为"매일、매주、매월/매달、매년"。
- **날마다** 학교에 가요. = **매일** 학교에 가요. 他每天都去学校。
- **일주일마다** 회의가 있어요. = **매주** 회의가 있어요. (公司里)每周都有会议。
- **달마다** 잡지가 나와요. = **매월/매달** 잡지가 나와요. 每月都要出版杂志。
- **해마다** 이사해요. = **매년** 이사해요. 他每年都搬家。

❷ 对于"집",通常不说"집마다",而要说"집집마다"。
- 요즘에는 **집집마다** 인터넷을 사용해요. 现在，家家户户都通了网络。

练习

看图并用"마다"完成下列句子。

(1)

A 부디 씨, 고향에 자주 가세요?
B ________________.
(방학)

(2)

A　한국 사람은 젓가락, 숟가락으로 식사해요.

B　미국 사람은 나이프와 포크, 인도 사람은 손으로 식사해요.

________________________식사 방법이 달라요.
(나라)

(3)

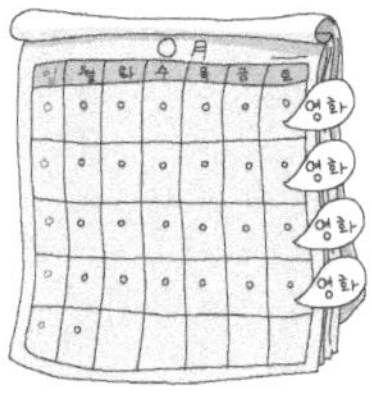

A　영화를 보세요?

B　네, ________________________봐요.
(토요일)

(4)

A　몇 분마다 지하철이 와요?

B　출근 시간에는________________________.
(5분)

单元 4

罗列与对比

01 A/V-고

扫码获取音频与答案

71

캐럴 씨는 키가 **크고** 날씬해요.
卡罗尔不但个子高，而且还很苗条。

민우 씨는 한국 사람**이고** 댄 씨는 영국 사람입니다.
民宇是韩国人，戴恩是英国人。

어제 파티에서 티루엔 씨가 노래도 **부르고** 춤도 췄어요.
在昨天的聚会上，蒂鲁恩又唱歌又跳舞。

语法解析

1 “고”用于罗列两个以上的行为、状态或事实，相当于“与、和”。此时，动词或形容词词干后都加“고”。

- 哥哥高，弟弟矮。

  형은 **커요. 그리고** 동생은 작아요.

  형은 **크고** 동생은 작아요.

2 “고”还可以表示做完前句动作后做后句动作，相当于“然后”。此时，时态不能体现在前句中，而要体现在后句中。（参考：单元 5 时间 03 V- 고 나서）

- 昨天，我吃完饭后做作业了。

  어제 밥을 **먹었어요. 그리고** 숙제를 했어요.

  어제 밥을 **먹고** 숙제를 했어요.

  어제 밥을 먹었고 숙제를 했어요. (×)

가다 + **-고** → 가고	크다 + **-고** → 크고

原形	-고	原形	-고
오다	오고	예쁘다	예쁘고
보다	보고	바쁘다	바쁘고
읽다	읽고	넓다	넓고
찾다	찾고	작다	작고
공부하다	공부하고	날씬하다	날씬하고

小贴士

当罗列关于同一个主语的两个或更多事实时，可以使用“名词도 动词词干고 名词도 动词”的形态。

- 哥哥游泳游得好，篮球也打得好。
  형은 수영을 잘해요. 그리고 농구도 잘해요.
  형은 수영**도** 잘하고 농구**도** 잘해요.
- 我喜欢草莓，也喜欢香蕉。
  저는 딸기를 좋아해요. 그리고 바나나도 좋아해요.
  저는 딸기**도** 좋아하고 바나나**도** 좋아해요.

对话

72

A 내일 뭐 할 거예요?
B 오전에는 친구를 만나고
오후에는 도서관에 갈 거예요.

A 你明天干什么？
B 上午见朋友，
下午去图书馆。

A 어제 뭐했어요?
B 피자도 먹고 영화도 봤어요.

A 你昨天干什么了？
B 吃了比萨饼，还看了电影。

A 여자 친구가 어때요?
B 똑똑하고 예뻐요.

A 你女朋友怎么样？
B 又聪明又漂亮。

练习

看图并用“-고”完成下列句子。

（1）

A 날씨가 어때요?

B 바람이 ______________________ 추워요.

(불다)

（2）

A 디나 씨 남자 친구가 어때요?

B ______________________.

(멋있다, 친절하다)

（3）

A 가족들은 주말에 보통 뭐해요?

B 오빠는 __________, 언니는 __________.

(운동하다, 데이트하다)

（4）

A 어제 왕징 씨의 집에서 뭐 했어요?

B ________ 도 ________ 고 ________ 도 ________.

(요리를 하다, 텔레비전을 보다)

02 V-거나

扫码获取音频与答案

73

아침에 빵을 **먹거나** 우유를 마셔요.
他早饭吃面包或者喝牛奶。

주말에 음악을 **듣거나** 영화를 볼 거예요.
他周末会去听音乐或者看电影。

바쁘거나 가방이 무거울 때 택시를 타요.
如果工作忙或提着重东西，就打车吧。

语法解析

“거나”用于动词或形容词词干之后，表示在多个之中选择一个，相当于“或”。多用于两个事物的情况，也可用于更多事物。名词后要用“이나”。（参考：单元 3 助词 15 N(이)나 ①）

보다 + **-거나** → 보거나　　　　먹다 + **-거나** → 먹거나

原形	-거나	原形	-거나
자다	자거나	듣다	듣거나
만나다	만나거나	돕다	돕거나
만들다	만들거나	공부하다	공부하거나

对话

74

A 이번 주말에 뭐 할 거예요?
B 운동을 할 거예요.
테니스를 치거나 수영을 할 거예요.

A 你这个周末打算干什么？
B 我打算做运动：
打网球或者游泳。

A 목이 아파요.
B 그럼 생강차를 마시거나 사탕을 드세요.

A 我嗓子疼。
B 喝点儿生姜茶或者吃几块糖吧。

A 결혼기념일에 뭐 할 거예요?
B 여행을 가거나 외식을 할 거예요.

A 结婚纪念日当天，你打算干什么？
B 去旅游或者出去吃饭吧。

练习

看图并用“-거나”完成下列句子。

（1）

A 너무 피곤해요. 저녁 식사 어떻게 해요?
B ______________ 피자를 주문합시다.
(외식을 하다)

（2）

A 안녕! 잘 있어요. 건강하세요. 2년 후에 올게요.
B 잘 가요. 매일 전화를 ______________ 이메일을 보내세요!
(하다)

（3）

A 이 단어를 잘 몰라요.
B 한국어 선생님에게 ______________ 사전을 찾으세요.
(물어보다)

（4）

A 오늘 남자 친구의 기분이 안 좋아요.
B 남자 친구에게 ______________ 뽀뽀하세요.
(선물을 주다)

03 A/V-지만

扫码获取音频与答案

75

한국말은 **어렵지만** 재미있어요.
韩国语虽然难，但是很有意思。

형은 **크지만** 동생은 작아요.
虽然哥哥很高，但是弟弟不高。

하영 씨는 많이 **먹지만** 날씬해요.
夏英虽然吃得多，但是却很苗条。

语法解析

“지만”表示后句内容与前句相反，相当于“然而、但是”，通常接在动词或形容词词干后。如果描述的是过去的事情，则要使用“-았/었지만”。

사다 + **-지만** → 사지만　　　　좋다 + **-지만** → 좋지만

原形	-지만	原形	-지만
보다	보지만	슬프다	슬프지만
먹다	먹지만	배고프다	배고프지만
배우다	배우지만	작다	작지만
수영하다	수영하지만	편하다	편하지만

（参考：单元4 罗列与对比 04 A/V-(으)ㄴ/는데 ①）

对话

76

A 오늘 날씨가 어때요?
B 바람이 불지만 춥지는 않아요.

A 今天天气怎么样?
B 虽然刮风，但是不冷。

A 요코 씨, 아파트가 어때요?
B 작지만 깨끗해요.

A 洋子，房间怎么样?
B 虽然小，但是很干净。

A 댄 씨가 한국말을 잘해요?
B 네, 외국 사람이지만 한국말을 잘해요.

A 戴恩的韩国语说得好吗?
B 好，虽然他是外国人，但是韩国语却说得很好。

练习

看图并用“-지만”完成下列句子。

（1）

A 한국 음식이 어때요?
B ______________________.
(맵다, 맛있다)

（2）

A 언니가 학생이에요?
B 저는____________언니는 ____________.
(학생이다) (회사원이다)

（3）

A 주말에도 바빠요?
B 평일에는____________주말에는____________.
(바쁘다) (한가하다)

（4）

A 나탈리아 씨, 추워요?
B 네, ______________________.
(옷을 많이 입다, 춥다)

04 A/V-(으)ㄴ/는데 ①

扫码获取音频与答案

77

낮에는 차가 **많은데** 밤에는 차가 없어요.
白天车很多，但是晚上却没有车。

저는 오빠는 **있는데** 언니는 없어요.
我有哥哥，但没有姐姐。

노래는 **못하는데** 춤은 잘 춰요.
我不会唱歌，但舞跳得还不错。

语法解析

表示后句内容与前句相反或形成对比，相当于“但是”。对于形容词现在时来说，若词干以元音结尾，用“-ㄴ데”；以辅音结尾，用“-은데”。动词的现在时和过去时以及“있다 / 없다”均与“-는데”结合。

形容词现在时，이다		动词现在时	动词或形容词过去时
没有收音	有收音		
-ㄴ데	-은데	-는데	-았/었는데
예쁜데 학생인데	높은데 적은데	오는데 읽는데 있는데 없는데	왔는데 많았는데 의사였는데 학생이었는데

原形	-(으)ㄴ/는데	原形	-(으)ㄴ/는데
크다	큰데	가다	가는데
낮다	낮은데	마시다	마시는데
*멀다	먼데	일하다	일하는데

(续表)

原形	-(으)ㄴ/는데	原形	-(으)ㄴ/는데
*덥다	더운데	*듣다	듣는데
*빨갛다	빨간데	*살다	사는데
귀여웠다	귀여웠는데	만났다	만났는데

* 不规则变化。

（参考：单元4 罗列与对比 03 A/V-지만）

对话

78

A 왜 그 시장에 안 가요?
B 가격은 싼데 너무 멀어요.

A 你为什么不去那个市场?
B 虽然价格便宜，但是太远了。

A 회사가 어때요?
B 일은 많은데 월급은 적어요.

A 你们公司怎么样?
B 事多钱少。

练习

看图并用“-(으)ㄴ/는데”完成下列句子。

（1）

A 그 식당 어때요?

B ______________________________.
(맛있다, 비싸다)

（2）

A 티루엔 씨 집이 어때요?

B 방은______________화장실은______________.
(크지 않다) (2개이다)

（3）

A 캐럴 씨는 결혼했어요?

B 아니요, 아직____________________남자 친구는 있어요.
(결혼 안 하다)

（4）

A 저녁 먹었어요?

B 네, ______________________배가 고파요.
(먹다)

单元 5

时间

1. N 전에, V-기 전에
2. N 후에, V-(으)ㄴ 후에
3. V-고 나서
4. V-아/어서 ①
5. N 때, A/V-(으)ㄹ 때
6. V-(으)면서
7. N 중, V-는 중
8. V-자마자
9. N 동안, V-는 동안
10. V-(으)ㄴ 지

01 N 전에, V-기 전에

扫码获取音频与答案

79

2년 **전에** 한국에 왔습니다.
我两年前来韩国了。

식사 **전에** 이 약을 드세요.
请饭前服药。

수영하기 전에 준비운동을 해요.
他在游泳之前做准备活动。

语法解析

表示“某个时间点前”或“做某种行为之前”，相当于“……之前”，通常以“时间 전에”“名词 전에”或“动词 -기 전에”的形式出现。

“名词 전에”中的名词主要指可与“하다”一起构成动词的名词，相同的意思也可以用“动词 -기 전에”表达，例如“식사 전에”与“식사하기 전에”的意思一样，但是其他动词只能用“-기 전에”。

名词 + 전에	动词词干 + -기 전에
식사 + **전에** → 식사 전에	식사하다 + **-기 전에** → 식사하기 전에

时间전에	名词전에	原形	动词-기 전에
1시간 전에	식사 전에	식사(하다)	식사하기 전에
한 달 전에	여행 전에	여행(하다)	여행하기 전에
2년 전에	방문 전에	방문(하다)	방문하기 전에
1시 전에	수업 전에	수업(하다)	수업하기 전에
하루 전에	운동 전에	자다	자기 전에
–		마시다	마시기 전에
		죽다	죽기 전에

对话

80

A 같이 점심식사해요.
B 미안해요. 1시간 전에 식사했어요.

A 我们一起吃午饭吧。
B 不好意思，我一小时之前吃过了。

A 한국에서는 결혼하기 전에 남자가 집을 준비해요.
B 우리나라에서도 같아요.

A 在韩国，男方要在结婚之前准备房子。
B 我们国家也是这样。

A 한국에 오기 전에 어디에 살았어요?
B 뉴욕에서 살았어요.

A 来韩国之前，你住在哪里？
B 我住在纽约。

● 它们有什么区别？

“1시 전에” 与 “1시간 전에” 有什么不同？

- 1시 전에 오세요. 请1点前过来。
  12点 50分来可以，12点或11点来也可以，只要1点之前来就行。
- 1시간 전에 오세요. 请提前一个小时过来。
  如果约定的时间是3点，那么要提前1个小时，即2点过来。

练习

做(가)图中的动作之前需要先做什么？请从(나)图中找出合适的图并将二者连接起来，然后用“전에”或“-기 전에”完成下列句子。

(가)　　　　　　　　　　　　　　　　　　　(나)

(1)  ●　　　　　　　　● ⓐ 

(2)  ●　　　　　　　　● ⓑ 

(3)  ●　　　　　　　　● ⓒ 

(4)  ●　　　　　　　　● ⓓ 

(1) ______________________ 서류를 복사해요.

(2) ______________________ 손을 씻어요.

(3) ______________________ 전화해요.

(4) ______________________ 기도해요

02 N 후에, V-(으)ㄴ 후에

扫码获取音频与答案

81

한 달 **후에** 아기가 태어나요.
孩子一个月之后出生。

밥을 **먹은 후에** 이를 닦아요.
饭后刷牙。

대학교 졸업 **후에** 취직을 했어요.
= 대학교를 **졸업한 후에** 취직을 했어요.
我大学毕业后就工作了。

语法解析

表示“某个时间点之后”或“做某种行为之后”，相当于“……之后”，通常以“时间 후에”“名词 후에”或“动词 -(으)ㄴ 후에”的形式出现。

当动词词干以元音结尾时，用“-ㄴ 후에”；以“ㄹ”结尾时，要把“ㄹ”去掉后用“-ㄴ 후에”；以其他辅音结尾时，用“은 후에”。“-(으)ㄴ 후에”和“-(으)ㄴ 다음에”可以互换使用。

名词	动词	
名词 후에	词干以元音结尾	词干以辅音结尾
식사 **후에**	가다 + **-ㄴ 후에** → 간 후에	먹다 + **-은 후에** → 먹은 후에

时间 후에	名词 후에	原形	动词 -ㄴ 후에	原形	动词 -은 후에
1시 후에	식사 후에	식사(하다)	식사한 후에	받다	받은 후에
1시간 후에	입학 후에	입학(하다)	입학한 후에	벗다	벗은 후에
한 달 후에	방학 후에	오다	온 후에	읽다	읽은 후에
3년 후에	졸업 후에	만나다	만난 후에	*듣다	들은 후에
-		*놀다	논 후에	*짓다	지은 후에
		*만들다	만든 후에	*돕다	도운 후에

* 不规则变化。

对话

82

A 언제 고향에 돌아가요?
B 1년 후에 가요.

A 你什么时候回家?
B 一年之后回去。

A '집들이'가 뭐예요?
B 한국에서 이사한 후에 하는 파티예요.

A "집들이"是什么意思?
B 在韩国是指搬家后举办的聚会。

A 수업 후에 시간 있어요?
B 미안해요. 바빠요. 수업이 끝난 다음에 식당에서 아르바이트를 해요.

A 你下课后有时间吗?
B 对不起，我很忙。下课后我要去食堂打工。

● 它们有什么区别?

"1시 후에" 与 "1시간 후에" 有什么不同?

- 1시 후에 오세요. 请1点之后来。
  可以1点10分来，也可以2点、3点或之后来，只要1点之后来就可以。
- 1시간 후에 오세요. 请一个小时之后过来。
  如果约定的时间是3点，那么要在1个小时之后，即4点来。

练习

做完图(가)中的动作之后要做什么？请从图(나)中找出合适的图并将二者连接起来，然后用“후에”或“-(으)ㄴ후에”完成下列句子。

（1）

●

● ⓐ

（2）

●

● ⓑ

（3）

●

● ⓒ

（4）

●

● ⓓ

（1）____________________ 샤워해요.

（2）____________________ 집들이를 해요.

（3）____________________ 지하철을 타요.

（4）____________________ 영수증을 받아요.

Scan for audio and answers: 扫码获取音频与答案

03 V-고 나서

83

일을 **하고 나서** 쉽니다.
她结束工作后休息。

텔레비전을 **보고 나서** 잡니다.
她看完电视后睡觉。

아침을 **먹고 나서** 신문을 봅니다.
她吃完早饭后看报纸。

语法解析

表示一个动作结束后接着做下一个动作，可以省略“나서”，只保留“-고”。与“-고”相比，“-고 나서”更明显地含有“前面动作已经结束”的意思。

보다 + **-고 나서** → 보고 나서　　　　먹다 + **-고 나서** → 먹고 나서

原形	-고 나서	原形	-고 나서
끝나다	끝나고 나서	듣다	듣고 나서
먹다	먹고 나서	돕다	돕고 나서
읽다	읽고 나서	공부하다	공부하고 나서

由于“-고 나서”表示时间的先后顺序，因此只能与动词结合使用。但当前句主语与后句主语一致时，像“가다（去/走）、오다（来）、들어가다（进去）、들어오다（进来）、나가다（出去）、나오다（出来）、올라가다（上去）、내려가다（下去）”等移动动词和“일어나다（起来）、앉다（坐）、눕다（躺）、만나다（见）”等动词后不用“-고”或“-고 나서”，而是与“-아/어서”结合使用。

- 我去学校（我）学习。
  나는 학교에 가고 나서 (나는) 공부해요. (×)
  나는 학교에 가**서** (나는) 공부해요. (√)
- 今天，（我）坐公交车（我）来（这里）。
  (나는) 오늘 버스에서 앉고 나서 (나는) 왔어요. (×)
  (나는) 오늘 버스에서 앉**아서** (나는) 왔어요. (√)

对话

84

A 김 부장님, 서류를 언제까지 드릴까요?
B 회의가 끝나고 나서 주세요.

A 金部长，什么时候把材料给您？
B 会议结束后给我吧。

A 듣기 시험을 어떻게 봐요?
B 문제를 두 번 읽을 거예요.
문제를 잘 듣고 나서 대답을 찾으세요.

A 听力考试怎么考？
B 题目读两遍，
认真听问题，然后找出答案。

A '독후감'이 뭐예요?
B 책을 읽고 나서 쓰는 글이에요.

A “독후감”是什么意思？
B 是读完一本书后写的文章。

练习

看图并用“-서”或“-고 나서”完成下列句子。

댄 씨는 아침에 （1）__________________샤워를 합니다. （2）__________________아침 식사를 합니다. 한국 음식이 맛있습니다. 아침을 （3）__________________학원에 갑니다. 학원에 （4）__________________학생들에게 영어를 가르칩니다. 영어 수업은 12시에 끝납니다. 영어를 （5）__________________친구하고 영화를 봅니다. 영화를 （6）__________________커피를 마십니다.

저녁 6시부터 9시까지 한국어 수업이 있습니다. 한국어는 쉽지 않습니다. 그렇지만 재미있습니다. 한국어 수업이 （7）__________________헬스장에 갑니다. 헬스장에서 운동을 합니다. （8）__________________집에 갑니다. 집에 （9）__________________텔레비전을 봅니다. 한국 드라마가 재미있습니다. 댄 씨는 12시에 잡니다.

04 V-아/어서 ①

扫码获取音频与答案

85

바나나를 **까서** 먹었어요.
（猴子）剥香蕉吃。

네 시간 동안 공원에 **앉아서** 이야기했어요.
（她们）在公园里坐着聊了 4 个小时。

여자 친구에게 목걸이를 **사(서)** 주었어요.
他给女朋友买了项链。

语法解析

表示时间先后，意为在发生前面行为的状态下，接着发生后面的行为。含有“由于前句行为和后句行为关系非常密切，所以如果前句行为不发生，那么后句行为也不能发生”之意。具体使用时，“서”可以省略。但对于像“가다（去）、오다（来）、서다（站）”等来说，使用时则不能省略“서”。

词干最后一个元音为“ㅏ”或“ㅗ”	词干最后一个元音为“ㅏ”和“ㅗ”之外的其他元音	以하다结尾的动词
가다 + **-아서**→ 가서	씻다 + **-어서**→ 씻어서	결혼하다→ 결혼해서

原形	-아/어서	原形	-아/어서
사다	사서	만들다	만들어서
팔다	팔아서	요리하다	요리해서
앉다	앉아서	입학하다	입학해서
만나다	만나서	숙제하다	숙제해서
*쓰다	써서	*굽다	구워서

*不规则变化。

当需要体现时态时，不体现在前面的动词上，而只能体现在后面的动词上。

• 어제 친구를 만나서 영화를 **봤**어요.
  我昨天跟朋友见面后去看了电影。

• 내일 친구를 만나서 영화를 **볼 거예요**.
  明天我会去见朋友，然后看电影。

前后句中两个动词的主语要相同。

• 昨天（我）跟朋友见了面，然后（我）去看了电影。
  나는 어제 친구를 만나서 **(나는)** 영화를 봤어요. (√)
  나는 어제 친구를 만나서 친구는 영화를 봤어요. (×)

对话

86

A 왜 사과를 깎지 않고 먹어요?
B 사과를 깎아서 먹으면 맛이 없어요.

A 你为什么不把苹果削了皮吃？
B 削了皮就不好吃了。

A 오늘 학교에 지하철로 왔어요?
B 네, 그런데 한 시간 동안 서서 와서 다리가 아파요.

A 你今天是坐地铁来学校的吗？
B 是的，在地铁上站了一个小时，腿很疼。

A 왜 아르바이트를 해요?
B 돈을 벌어서 카메라를 살 거예요.

A 你为什么做兼职呢？
B 我想挣钱买相机。

● 它们有什么区别？

❶ “-고”与表示时间先后关系的“-아/어서”比较类似，当前后两个行为的关系比较密切时用“-아/어서”；当两个行为没有关联性，只是表示时间先后时，要用“-고”。

• 과일을 씻**어서** (그 과일을)먹어요.
  （我）洗水果，然后吃（水果）。

• 과일을 씻**고** (다른 음식을)먹어요.
  （我）洗水果，然后吃（其他的东西）。

• 친구를 만**나서** (그 친구와 같이)영화를 봤어요.
  我跟朋友见面，然后（我们一起）看了电影。

• 친구를 만나**고** (나 혼자 또는 다른 사람과)영화를 봤어요.
  我见了朋友，然后（我自己或跟其他人）看了电影。

❷ 与表示穿着的动词“입다、신다、쓰다、들다”等连用时，不用“-아/어서”，而要用“-고”。

- 코트를 입어서 공부해요. (×) → 코트를 입**고** 공부해요. (√)
  我穿上外套，然后学习。
- 사람들이 우산을 써서 가요. (×) → 사람들이 우산을 쓰**고** 가요. (√)
  人们撑着雨伞走路。
- 아이가 안경을 써서 책을 봐요. (×) → 아이가 안경을 쓰**고** 책을 봐요. (√)
  孩子戴着眼镜看书。

练习

看图选择合适的单词并用“-아/어서”完成下列句子。

보기	가다	들어가다	만나다	만들다	사다

(1)

A 어제 뭐 했어요?

B 어제 고등학교 친구를____________같이 식사했어요.

(2)

A 오늘 퇴근 후에 뭐 할 거예요?

B 노래방에____________노래할 거예요.

(3)

A 보통 빵을____________먹어요?

B 아니요, 우리는 빵을____________먹어요.

(4)

A 날씨가 추워요.

B 그러면 커피숍에____________이야기해요.

05 N 때, A/V-(으)ㄹ 때

扫码获取音频与答案

87

방학 **때** 아르바이트를 해요.
他在假期打工。

4살 **때** 사진이에요.
这是我 4 岁时的照片。

시험 **볼 때** 옆 사람의 시험지를 보지 마세요.
考试的时候不要看旁边人的试卷。

语法解析

表示动作或状态进行的时间点或时间段，相当于“……的时候”。名词后接“때”；动词词干以元音或“ㄹ”结尾时，后接“-ㄹ 때”，以其他辅音结尾时，接“-을 때”。

名词	动词	
名词 + 때	词干以元音或“ㄹ”结尾	词干以其他辅音结尾
방학 + **때** → 방학 때	가다 + **-ㄹ 때** → 갈 때	먹다 + **-을 때** → 먹을 때

名词 때	原形	动词 -ㄹ 때	原形	动词 -을 때
10살 때	보다	볼 때	있다	있을 때
시험 때	만나다	만날 때	없다	없을 때
고등학교 때	끝나다	끝날 때	받다	받을 때
점심 때	나쁘다	나쁠 때	좋다	좋을 때
저녁 때	피곤하다	피곤할 때	*듣다	들을 때
크리스마스 때	*살다	살 때	*붓다	부을 때
휴가 때	*만들다	만들 때	*덥다	더울 때

*不规则变化。

对话

88

A 몇 살 때 첫 데이트를 했어요?
B 20살 때 했어요.

A 초등학교 때 친구들을 자주 만나요?
B 아니요, 자주 못 만나요.

A 이 옷은 실크예요.
세탁할 때 조심하세요.
B 네, 알았어요.

A 你第一次约会是什么时候?
B 我20岁的时候。

A 你经常和小学同学见面吗?
B 不经常见。

A 这件衣服是丝绸的，
洗的时候要注意。
B 好的，知道了。

小贴士

“때”不与“오전、오후、아침”及星期连用。

- 오전 때 공부를 해요. (×) → 오전**에** 공부를 해요. (√) 我上午学习。
- 오후 때 운동을 해요. (×) → 오후**에** 운동을 해요. (√) 我下午运动。
- 월요일 때 공항에 가요. (×) → 월요일**에** 공항에 가요. (√) 我星期一去机场。

● 它们有什么区别?

❶ “크리스마스에”与“크리스마스 때”有什么区别?
对于“저녁、점심、방학”等名词来说，“名词 때”和“名词에”的意思相同，但是对于像“크리스마스、추석”等节日名词来说，“名词에”表示节日当天，而“名词 때”则表示那一天前后。如“크리스마스에”表示圣诞节当天，即12月25日；而“크리스마스 때”则表示12月25日圣诞节的前一天或后一天，即以圣诞节为中心的前后一段时间。

- 크리스마스 **때** 圣诞节前后的时间段，包括圣诞节前一天、圣诞节当天及圣诞节后一天。
- 크리스마스**에** 圣诞节当天（12月25日）。

❷ “저녁、점심、방학”等名词后接“때”和“에”时，意思没有区别。

- 저녁 **때** = 저녁**에**, 점심 **때** = 점심**에**, 방학 **때** = 방학**에**

练习

看图选择合适的单词并用“때”或“-(으)ㄹ 때”完成下列句子。

보기	덥다 식사 없다 크리스마스

（1）

A ______________뭐 해요?

B 친구들과 파티를 할 거예요.

（2）

A 한국에서는______________수저를 사용합니다.

B 미국에서는 포크와 나이프를 사용해요.

（3）

A 햄버거 좋아해요?

B 시간이______________햄버거를 먹어요.

（4）

A 이게 뭐예요?

B 부채예요. ______________사용해요.

06 V-(으)면서

扫码获取音频与答案

89

밥을 **먹으면서** TV를 봅니다.
他们边吃饭边看电视。

우리 언니는 피아노를 **치면서** 노래를 해요.
我姐姐边弹钢琴边唱歌。

운전하면서 전화하지 마세요. 위험해요.
不要边开车边打电话，很危险。

语法解析

表示前句行为或状态与后句行为或状态同时发生，相当于“一边……一边……”。当动词词干以元音或“ㄹ”结尾时，用“-면서”；以其他辅音结尾时，用“-으면서”。

动词词干以元音或“ㄹ”结尾	动词词干以其他辅音结尾
가다 + **-면서** → 가면서	먹다 + **-으면서**→ 먹으면서

原形	-면서	原形	-으면서
보다	보면서	받다	받으면서
부르다	부르면서	읽다	읽으면서
기다리다	기다리면서	*듣다	들으면서
공부하다	공부하면서	*걷다	걸으면서
*울다	울면서	*짓다	지으면서
*만들다	만들면서	*돕다	도우면서

* 不规则变化。

前句主语与后句主语要相同，即必须是同一个人或事物。

• 하영 씨는 노래를 하면서 재준 씨는 피아노를 칩니다. (×)
  (하영 씨는) 노래를 하**면서** (하영 씨는) 피아노를 칩니다. (√)
  （夏英）边唱歌（夏英）边弹钢琴。

当前句主语与后句主语不同时，要用"-는 동안"。

• **하영 씨**가 노래를 하**는 동안 재준 씨는** 피아노를 칩니다.
  夏英唱歌的时候，才俊在弹钢琴。
• 동생이 청소를 하는 **동안** 언니는 빨래를 했습니다.
  弟弟打扫卫生的时候，姐姐在洗衣服。
  （参考：单元5 时间 09 N 동안, V-는 동안）

"-(으)면서"前面的动词一般不使用过去时态和将来时态，而是使用现在时态。

• 昨天，夏英边唱歌边弹钢琴。
  어제 하영 씨는 노래를 했으면서 피아노를 쳤습니다. (×)
  어제 하영 씨는 노래를 **하**면서 피아노를 쳤습니다. (√)

对话

90

A 음악을 좋아해요?
B 네, 그래서 음악을 들으면서 공부를 해요.

A 你喜欢听音乐吗？
B 喜欢，所以我边听音乐边学习。

A 어제 많이 바빴어요?
B 네, 그래서 샌드위치를 먹으면서 일했어요.

A 你昨天很忙吧？
B 是的，所以我边吃三明治边工作。

A 요즘 왜 피곤해요?
B 학교에 다니면서 아르바이트를 해요. 그래서 피곤해요.

A 你最近为什么这么累呢？
B 我一边上学一边做兼职，所以很累。

练习

看图并用"-(으)면서"连接两个句子。

（1）

______________________________.
(커피를 마시다, 신문을 보다)

(2) 

____.
(노래를 하다, 샤워를 하다)

(3) 

____.
(아이스크림을 먹다, 걷다)

(4) 

____.
(친구를 기다리다, 책을 읽다)

07 N 중, V-는 중

扫码获取音频与答案

91

지하철 공사 중입니다.
= 지하철 공사하는 중입니다.
地铁正在施工。

사장님은 회의 중입니다.
= 사장님은 회의하는 중입니다.
社长正在开会。

지금 집에 가는 중이에요.
（我）正在回家的路上。

이사할 거예요. 그래서 집을 찾는 중이에요.
我想搬家，所以正在找房子。

语法解析

主要与表示行为内容的名词和动词搭配，表示正在做某个动作，相当于“正在……中”。名词后接“중”，动词词干后接“-는 중”。

名词 + 중	动词词干 + -는 중
회의 + 중 → 회의 중	회의하다 + -는 중 → 회의하는 중

原形	名词 중	动词 -는 중
수업(하다)	수업 중	수업하는 중
회의(하다)	회의 중	회의하는 중
공사(하다)	공사 중	공사하는 중
통화(하다)	통화 중	통화하는 중
가다	–	가는 중
먹다		먹는 중
배우다		배우는 중
*만들다		만드는 중

* 不规则变化。

对话

92

A 왜 이렇게 길이 막혀요?
B 백화점이 세일 중이에요.
그래서 길이 막혀요.

A 路上为什么这么堵？
B 商场正在打折，
所以路上很堵。

A 여보세요? 한국 무역회사입니까?
김 과장님 좀 부탁합니다.
B 김 과장님은 지금 외출 중이십니다.
오후 5시에 들어오실 겁니다.

A 喂？请问是韩国贸易公司吗？
我找金科长。
B 金科长出去了，
下午5点回来。

A 운전면허증 있어요?
B 요즘 운전을 배우는 중이에요.
다음 주에 운전면허 시험을 봐요.

A 你有驾照吗？
B 我最近正在学开车，
下周考驾照。

小贴士

"-는 중이다"与"-고 있다"意思相似，但是"-고 있다"搭配的主语没有限制，而"-는 중이다"搭配的主语不能是自然物。

- 비가 오는 중이에요. (×) → **비**가 오**고 있**어요. (√) （外面）正在下雨。
- 눈이 오는 중이에요. (×) → **눈**이 오**고 있**어요. (√) （外面）正在下雪。
- 바람이 부는 중이에요. (×) → **바람**이 불**고 있**어요. (√) （外面）正在刮风。

练习

看图连线。

（1）

（2）

（3）

（4）

ⓐ 수리 중

ⓑ 샤워 중

ⓒ 임신 중

ⓓ 통화 중

ⓔ 쓰는 중

ⓕ 생각하는 중

ⓖ 만드는 중

ⓗ 읽는 중

（5）

（6）

（7）

（8）

08 V-자마자

扫码获取音频与答案

93

너무 피곤해서 집에 **오자마자** 잤어요.
因为太累了，所以我一到家就睡了。

불이 **나자마자** 소방차가 왔어요.
一着火，消防车就来了。

수업이 **끝나자마자** 학생들은 교실을 나갔어요.
一下课，学生们就跑出教室了。

语法解析

表示前句动作结束后马上发生后句动作，主要接在动词词干后，相当于“一……就……”。

가다 + **-자마자** → 가자마자　　　먹다 + **-자마자** → 먹자마자

原形	-자마자	原形	-자마자
보다	보자마자	씻다	씻자마자
켜다	켜자마자	앉다	앉자마자
끝나다	끝나자마자	듣다	듣자마자
시작하다	시작하자마자	묻다	묻자마자
만들다	만들자마자	눕다	눕자마자

前句主语与后句主语可以相同，也可以不同。

- **(내가)** 집에 오자마자 **(내가)** 잤어요.
  我一回到家就睡了。
- **엄마**가 나가자마자 **아기**가 울어요.
  妈妈一出去，孩子就哭了。

时态不体现在前句动词上，而是体现在后句动词上。

- 我一回家就睡了。
  집에 갔자마자 잤어요. (×)
  집에 **가**자마자 **잤**어요. (√)
- 我想一回家就睡觉。
  집에 갈 거자마자 잘 거예요. (×)
  집에 **가**자마자 **잘 거예요**. (√)

对话

94

A 정아 씨와 언제 결혼할 거예요?
B 대학교를 졸업하자마자 결혼할 거예요.

A 你打算什么时候跟静雅结婚?
B 我打算大学一毕业就结婚。

A 오늘 왜 기분이 안 좋아요?
B 어제 우산을 샀어요.
그런데 우산을 사자마자 잃어버렸어요.

A 你今天为什么心情不好啊?
B 昨天我买了把雨伞，
可是刚买就丢了。

A 배가 너무 불러요. 누워서 좀 자고 싶어요.
B 밥을 먹자마자 누우면 건강에 안 좋아요.

A 我吃得太饱了，想躺下睡会儿。
B 一吃完就躺下对身体不好。

练习

下图中的人都在干什么？请把左右两边的插图连接起来并选择合适的单词用“-자마자”完成句子。

보기	끊다	나가다	시작하다	오다

(1)  ● ● ⓐ 

(2)  ● ● ⓑ 

(3)  ● ● ⓒ 

(4)  ● ● ⓓ 

(1) 집에____________________컴퓨터를 켜요.

(2) 엄마가 방에서____________________아기가 울어요.

(3) 영화가____________________자요.

(4) 전화를____________________나갔어요.

09 N 동안, V-는 동안

扫码获取音频与答案

95

어제 4시간 **동안** 공부했어요.
我昨天学习了 4 个小时。

곰은 겨울 **동안에** 겨울잠을 자요.
冬季，熊会冬眠。

친구들이 점심을 **먹는 동안** 나는 숙제를 했어요.
朋友们吃午饭的时候，我做作业了。

语法解析

表示某动作从开始到结束持续的时间长度，相当于“在……期间”或“在……时候”。名词后接“동안”，动词后接“-는 동안”。

가다 + **-는 동안** → 가는 동안　　　　먹다 + **-는 동안** → 먹는 동안

名词 동안	原形	动词 -는 동안
10분 동안	자다	자는 동안
일주일 동안	읽다	읽는 동안
한 달 동안	듣다	듣는 동안
방학 동안	여행하다	여행하는 동안
휴가 동안	*살다	*사는 동안

* 不规则变化。

当使用“动词 -는 동안”时，前面动词的主语与后面动词的主语可以相同，也可以不同。

- **(내가)** 한국에서 사는 동안 **(나는)** 좋은 친구들을 많이 만났어요.
  (我) 在韩国生活期间，(我) 结交了很多好朋友。
- **내가** 친구들과 노는 동안 **동생은** 학교에서 열심히 공부했어요.
  我跟朋友们玩儿的时候，弟弟在学校里努力学习。

对话

96

A 얼마 동안 한국에 있을 거예요?
B 3년 동안 있을 거예요.

A 你打算在韩国待多长时间？
B 我打算待三年。

A 방학 동안에 뭐 할 거예요?
B 친척 집을 방문할 거예요.

A 你假期打算做什么？
B 我打算去亲戚家串门。

A 비행기가 2시간 후에 출발해요.
B 그러면 비행기를 기다리는 동안 면세점에서 쇼핑을 합시다.

A 飞机将在两小时后起飞。
B 等飞机的这段时间，我们去免税店买些东西吧。

● 它们有什么区别？

“-(으)면서” 与 “-는 동안” 有什么区别？

两者都可以表示前后动作同时进行，但“-(으)면서” 前后主语必须一致，“-는 동안” 前后主语可以一致，也可以不一致。

-(으)면서	-는 동안
• 前句主语和后句主语必须相同。 10：00~10：30 	• 前句主语和后句主语可以不同。 10：00~10：30 

练习

看图并用“동안”或“-는 동안”完成下列句子。

（1）

여러분, ______________휴식 시간이에요.

（2）

______________식당에서 아르바이트를 했어요.

（3）

어머니가 ______________아버지가 청소를 해요.

（4）

아이가______________산타클로스가 선물을 주고 가요.

10 V-(으)ㄴ 지

扫码获取音频与答案

97

저는 한국에 **온 지** 2년이 되었습니다.
我来韩国两年了。

담배 **끊은 지** 한 달 되었어요.
我戒烟一个月了。

컴퓨터 게임을 **한 지** 5시간이 넘었어요.
（孩子）玩儿电脑游戏已经超过 5 个小时了。

语法解析

表示从事件发生的时间点开始过了多长时间，相当于“自从”。一般以“-(으)ㄴ 지 ~ 되다”“-(으)ㄴ 지 ~ 넘다”“-(으)ㄴ 지 ~ 안 되다”等形式出现。当动词词干以元音或“ㄹ”结尾时，用“-ㄴ 지”；以其他辅音结尾时，用“-은 지”。

动词词干以元音或“ㄹ”结尾	动词词干以其他辅音结尾
가다 + **-ㄴ 지** → 간 지	먹다 + **-은 지** → 먹은 지

原形	-ㄴ 지	原形	-은 지
오다	온 지	끊다	끊은 지
사귀다	사귄 지	*듣다	들은 지
공부하다	공부한 지	*걷다	걸은 지
*놀다	논 지	*짓다	지은 지
*만들다	만든 지	*돕다	도운 지

* 不规则变化。

对话

A 언제부터 한국어를 공부했어요?
B 한국어를 공부한 지 6개월이 되었어요.

A 你什么时候开始学习韩国语的？
B 我学习韩国语已经六个月了。

A 남자 친구와 얼마나 사귀었어요?
B 사귄 지 3년이 넘었어요.

A 你跟男朋友交往多长时间了？
B 我们交往三年多了。

练习

看图并用“-(으)ㄴ 지”完成下列句子。

(1) 리처드 씨는 대학교를  ______________________ 9년 되었습니다.

(2) 리처드 씨는  ______________________ 5년 넘었습니다.

(3) 리처드 씨는 한국에  ______________________ 4년 되었습니다.

(4) 리처드 씨는  ______________________ 4년 되었습니다.

(5) 리처드 씨는  ______________________ 2년이 좀 안 되었습니다.

(6) 리처드 씨는  ______________________ 5개월이 되었습니다.

(7) 리처드 씨는  ______________________ 4년이 좀 넘었습니다.

单元 6

能力与可能性

01 V-(으)ㄹ 수 있다/없다

02 V-(으)ㄹ 줄 알다/모르다

01 V-(으)ㄹ 수 있다/없다

扫码获取音频与答案

99

이 영화를 **볼 수 있어요**.
（我们）可以看这部电影。

저 영화를 **볼 수 없어요**.
（我们）不能看那部电影。

한국말을 **할 수 있어요**.
（我）会说韩国语。

아프리카 말을 **할 수 없어요**.
（我）不会说非洲语言。

한자를 **읽을 수 있어요**.
（我）认识汉字。

한자를 **읽을 수 없어요**.
（我）不认识汉字。

语法解析

表示能力或可能性，相当于“可以”和“不可以”。当表示某人有能力做某事或某事有可能发生时，用“-(으)ㄹ 수 있다”；当表示某人没有能力做某事或某事不可能发生时，用“-(으)ㄹ 수 없다”。当动词词干以元音或“ㄹ”结尾时，用“-ㄹ 수 있다/없다”；以其他辅音结尾时，用“-을 수 있다/없다”。

动词词干以元音或“ㄹ”结尾	动词词干以其他辅音结尾
가다 + **-ㄹ 수 있다/없다** → 갈 수 있다/없다	먹다 + **-을 수 있다/없다** → 먹을 수 있다/없다

原形	-ㄹ 수 있어요/없어요	原形	-을 수 있어요/없어요
가다	갈 수 있어요/없어요	받다	받을 수 있어요/없어요
만나다	만날 수 있어요/없어요	*듣다	들을 수 있어요/없어요
수영하다	수영할 수 있어요/없어요	*걷다	걸을 수 있어요/없어요
*놀다	놀 수 있어요/없어요	*짓다	지을 수 있어요/없어요
*살다	살 수 있어요/없어요	*돕다	도울 수 있어요/없어요

* 不规则变化。

对话

100

A 무슨 운동을 할 수 있어요?
B 축구를 할 수 있어요. 그리고 태권도도 할 수 있어요. 그렇지만 수영은 할 수 없어요.

A 你会做什么运动?
B 我会踢足球，还会跆拳道，但不会游泳。

A 요코 씨, 오늘 저녁에 만날 수 있어요?
B 미안해요. 만날 수 없어요. 약속이 있어요.

A 洋子，今天晚上我们可以见个面吗?
B 对不起，我不能跟你见面，我有约了。

A 한국 드라마를 이해할 수 있어요?
B 네, 드라마는 조금 이해할 수 있어요. 그렇지만 뉴스는 이해할 수 없어요.

A 你能听懂韩国的电视剧吗?
B 能听懂一些，但是听不懂新闻。

小贴士

可以在“-(으)ㄹ 수 있다/없다”中的“수”后添加“-가”变为“-(으)ㄹ 수가 있다/없다”，比“-(으)ㄹ 수 있다/없다”更具有强调的含义。

- 떡볶이가 매워서 먹을 수 없어요. 炒年糕很辣，所以我不能吃。
  떡볶이가 매워서 먹을 수**가** 없어요. 炒年糕太辣了，我吃不下。
- 길이 막혀서 갈 수 없어요. 路很堵，走不了。
  길이 막혀서 갈 수**가** 없어요. 路太堵了，走不了了。

练习

看图并选择合适的单词用"-(으)ㄹ 수 있다/없다"完成下列句子。

보기	걷다	고치다	부르다	열다	추다

(1)

A 컴퓨터가 고장 났어요.

B 내가________________.

(2)

A 한국 노래를________________?

B 네, '아리랑'을________________.

한국 춤도________________.

(3)

A 왜 그래요?

B 발이 아파요. ________________.

(4)

A 이 병을 ________________.

B 걱정하지 마세요. 내가 ________________.

02 V-(으)ㄹ 줄 알다/모르다

扫码获取音频与答案

101

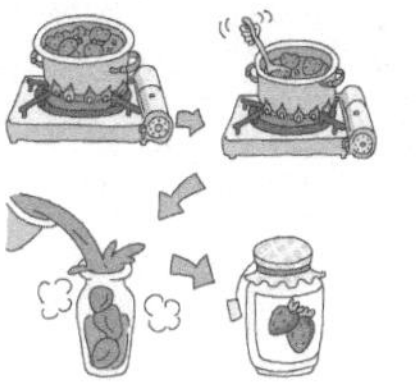

딸기잼을 **만들 줄 알아요**.
（我）会做草莓酱。

휴대전화로 사진을 **보낼 줄 알아요**.
（我）会用手机发送照片。

된장찌개를 맛있게 **끓일 줄 알아요**.
（我）会做好吃的大酱汤。

语法解析

表示主语是否知道做某事的方法或者是否有能力做某事，相当于“能”和“不能”。当动词词干以元音或“ㄹ”结尾时，用“-ㄹ 줄 알다 / 모르다”；当以其他辅音结尾时，用“-을 줄 알다 / 모르다”。

动词词干以元音或“ㄹ”结尾	动词词干以其他辅音结尾
보내다 + **-ㄹ 줄 알다/모르다** → 보낼 줄 알다/모르다	입다 + **-을 줄 알다/모르다** → 입을 줄 알다/모르다

原形	-ㄹ 줄 알아요/몰라요	原形	-을 줄 알아요/몰라요
쓰다	쓸 줄 알아요/몰라요	읽다	읽을 줄 알아요/몰라요
고치다	고칠 줄 알아요/몰라요	접다	접을 줄 알아요/몰라요
사용하다	사용할 줄 알아요/몰라요	*굽다	구울 줄 알아요/몰라요
*만들다	만들 줄 알아요/몰라요	*짓다	지을 줄 알아요/몰라요

* 不规则变化。

对话

A 캐럴 씨, 컴퓨터 게임
'스타크래프트'를 할 줄 알아요?
B 아니요, 할 줄 몰라요. 어떻게 해요?

A 卡罗尔，你会玩儿电脑游戏
《星际争霸》吗？
B 不会呢。怎么玩儿？

A 무슨 음식을 만들 줄 알아요?
B 저는 잡채하고 스파게티를
만들 줄 알아요.

A 你会做什么菜？
B 我会做炒粉条和意大利面。

● 它们有什么区别?

-(으)ㄹ 줄 알다/모르다	-(으)ㄹ 수 있다/없다
表示某人是否知道做某事的方法或是否有能力做某事。 • 나는 딸기잼을 만들 **줄 몰라요**. 我不会做草莓酱。	不仅可以用来表示某人是否具有做某事的能力，还可以表示情况是否允许做某事。 • 나는 딸기잼을 만들 **수 없어요**. （1） 我不会做草莓酱。 （2） 我知道怎么做草莓酱，但是由于某些原因（比如没有草莓），现在不能做。

练习

看图并选择合适的单词用"-(으)ㄹ 줄 알다/모르다"完成下列句子。

보기	두다 사용하다 타다

（1）

A 자전거를 탈 줄 알아요?
B 네, 한발 자전거도 ______________________.

（2）

A 바둑 ______________________?
B 체스는 ______________________.
그렇지만 바둑은 ______________________.

（3）

A 이거 어떻게 사용해요?
B 글쎄요. 저도 ______________________.

单元 7

命令与义务，允许与禁止

01 V-(으)세요
02 V-지 마세요
03 A/V-아/어야 되다/하다
04 A/V-아/어도 되다
05 A/V-(으)면 안 되다
06 A/V-지 않아도 되다
(안 A/V-아/어도 되다)

01 V-(으)세요

扫码获取音频与答案

103

여기 **앉으세요**.
请坐这里。

책 15쪽을 **보세요**.
请看第 15 页。

이 길로 쭉 **가세요**.
请沿着这条路一直走。

语法解析

当恭敬地拜托、请求、指示或命令听话人做某事时，用“-(으)세요”，相当于“请……”。虽然这种情况下也可以用“-아/어요”，但是“-(으)세요”比“-아/어요”更能给人一种恭敬、谦逊的感觉。词干以元音结尾时，用“-세요”；以辅音结尾时，用“-으세요”。但是有一些单词有特殊变形。“-(으)세요”的格式体为“-(으)십시오”。

词干以元音结尾	词干以辅音结尾
가다 + **-세요** → 가세요	앉다 + **-으세요** → 앉으세요

原形	-세요	原形	-(으)세요	原形	特殊形
사다	사세요	입다	입으세요	먹다/마시다	드세요
오다	오세요	찾다	찾으세요	자다	주무세요
주다	주세요	받다	받으세요	말하다	말씀하세요
운동하다	운동하세요	벗다	벗으세요	있다	계세요
*만들다	만드세요	*듣다	들으세요	주다	주세요
*살다	사세요	*걷다	걸으세요		드리세요

* 不规则变化。

（参考：关于韩国语 05 敬语）

表示命令的“-(으)세요”不能用于“이다”和形容词后，只能用于动词后。

- 의사이세요 (×) → 의사가 되세요. (√) 你以后当个医生吧。
- 기쁘세요 (×) → 기뻐하세요.※(√) 高兴点儿。（※ 把形容词变为其动词形）
  （参考：单元 18 词类变化 04 A-아/어하다）

但是有些以“하다”结尾的形容词习惯上也可以在后面接“-(으)세요”。

- 할아버지, **건강하세요**. 오래오래 사세요.
  爷爷，祝您健康长寿。
- 민우 씨, 결혼 축하해요. **행복하세요**.
  民宇，新婚快乐，幸福久久。

对话

104

A 살을 빼고 싶어요.
B 그럼 야채를 많이 드세요.
그리고 운동을 많이 하세요.

A 我想减肥。
B 那么多吃蔬菜吧，
还要多做运动。

A 여기에 이름과 전화번호를 쓰세요.
B 알겠습니다.

A 请在这里写上姓名和电话号码。
B 好的。

A 여러분, 조용히 하세요!
자, 사장님, 말씀하세요.
B 고마워요, 김 부장.

A 大家请安静！
社长，请讲吧。
B 谢谢，金部长。

练习

遇到下列情况该如何回答？请在看图后将恰当的回答和图片连接起来。

（1）

（2）

（3）

（4）

ⓐ 학교에 일찍 오세요.

ⓑ 들어오세요.

ⓒ 한국어로 말하세요.

ⓓ 많이 드세요.

02 V-지 마세요

扫码获取音频与答案

105

술을 **마시지 마세요.**
请不要喝酒。

전화하지 마세요.
请不要打电话。

수업 시간에 **자지 마세요.**
上课时不要睡觉。

语法解析

一般接在动词词干后，表示请求、劝说、指示或者命令听话人不要做某事，是“-(으)세요”的否定形，相当于“请不要……”，格式体为“-지 마십시오”。

가다 + **-지 마세요** → 가지 마세요　　먹다 + **-지 마세요** → 먹지 마세요

原形	-지 마세요	原形	-지 마세요
사다	사지 마세요	운동하다	운동하지 마세요
오다	오지 마세요	듣다	듣지 마세요
읽다	읽지 마세요	만들다	만들지 마세요

“-지 마세요”不能接在“이다”和形容词后，只能接在动词后。

- 변호사이지 마세요. (×)
- 슬프지 마세요. (×) → 슬퍼하지 마세요.※(√) 不要难过。
- 기분 나쁘지 마세요. (×) → 기분 나빠하지 마세요.※(√) 不要不高兴。（※把形容词变为其动词形）

（参考：单元 18 词类变化 04 A-아/어하다）

对话

106

A 버스를 탈까요?
B 길이 막히니까 버스를 타지 마세요.
지하철을 타세요.

A 咱们坐公交车怎么样?
B 路上堵得厉害，不要坐公交车了，
坐地铁吧。

A 이 영화 어때요? 재미있어요?
B 이 영화를 보지 마세요. 재미없어요.

A 这部电影怎么样? 好看吗?
B 不要看这部电影，不好看。

A 음악을 너무 크게 듣지 마세요.
귀에 안 좋아요.
B 네, 알겠어요.

A 听音乐时不要太大声，
对耳朵不好。
B 好的，我知道了。

练习

下列每张图中都有一个人都遇到了问题，请看图并使用“-지 마세요”完成下列句子。

（1）

A 너무 뚱뚱해요. 살을 빼고 싶어요.
B 그러면 ______________________________. (햄버거를 먹다)

（2）

A 요즘 목이 너무 아파요.
B 그러면 ______________________________. (담배를 피우다)

（3）

A 요즘 밤에 잠을 못 자요.
B 그럼 ______________________________. (커피를 마시다)

（4）

A 요즘 눈이 많이 아파요.
B 그럼 ______________________________. (컴퓨터 게임을 하다)

03 A/V-아/어야 되다/하다

扫码获取音频与答案

107

내일 시험이 있어요. 그래서 **공부해야 돼요**.
明天考试，所以我得学习。

여자 친구 생일이라서 선물을 **사야 돼요**.
我女朋友的生日快到了，所以我得买礼物。

먹기 전에 돈을 **내야 해요**.
吃之前要付钱。

语法解析

表示有义务或有必要做某事，或者一定要具备某种条件，相当于“必须”或者“应当、得……”。“-아/어야 되다”和“-아/어야 하다”在意思上没有什么区别。当词干的最后一个元音为“ㅏ”或“ㅗ”时，用“-아야 되다/하다”；为“ㅏ、ㅗ”之外的其他元音时，用“-어야 되다/하다”；以“하다”结尾的动词要变为“해야 되다/하다”。“-아/어야 되다/하다”的过去时态为“-아/어야 됐어요/했어요”。

词干最后一个元音为“ㅏ”或“ㅗ”	词干最后一个元音为“ㅏ”和“ㅗ”之外的其他元音	以“하다”结尾的动词
앉다 + **-아야 되다/하다** → 앉아야 되다/하다	기다리다 + **-어야 되다/하다** → 기다려야 되다/하다	공부하다 → 공부해야 되다/하다

原形	-아/어야 돼요/해요	原形	-아/어야 돼요/해요
가다	가야 돼요/해요	청소하다	청소해야 돼요/해요
보다	봐야 돼요/해요	*쓰다	써야 돼요/해요
읽다	읽어야 돼요/해요	*자르다	잘라야 돼요/해요
배우다	배워야 돼요/해요	*듣다	들어야 돼요/해요

* 不规则变化。

对话

108

A 주말에 같이 영화 볼까요?
B 미안해요. 어머니 생신이라서 고향에 가야 돼요.

A 周末我们一起去看电影怎么样？
B 对不起，周末是我妈妈的生日，所以我得回老家。

A 여름에 제주도에 가려고 해요.
B 비행기 표를 예약했어요? 사람이 많아서 미리 예약해야 돼요.

A 我打算夏天去济州岛。
B 你预订机票了吗？人很多，所以得预订。

A 어제 왜 파티에 안 오셨어요?
B 일이 많아서 회사에서 일해야 됐어요.

A 昨天你为什么没来参加聚会？
B 事情太多，所以我在公司加班了。

小贴士

"-아/어야 되다/하다"的否定形有两种：一种是表示没必要做某事的"-지 않아도 되다"，一种是表示禁止做某事的 "-(으)면 안 되다"。

❶ -지 않아도 되다 不需要，不必（参考：单元 7 命令与义务，允许与禁止 06 A/V-지 않아도 되다）

A 내일 회사에 가요? 你明天去公司吗？
B 아니요, 내일은 휴가라서 회사에 가**지 않아도 돼요**. 不去，明天休息，不用去。

A 공원까지 버스로 가요? 你坐公交车去公园吗？
B 가까워요. 그래서 버스를 타**지 않아도 돼요**. 걸어가도 돼요.
（公园）很近，不用坐公交车，走着去就行。

❷ -(으)면 안 되다 不应该，不准（参考：单元 7 命令与义务，允许与禁止 05 A/V-(으)면 안 되다）

- 박물관에서는 사진을 찍**으면 안 돼요**. 博物馆内禁止拍照。
- 실내에서 담배를 피우**면 안 돼요**. 室内禁止吸烟。

练习

看图并用“-아/어야 되다/하다”完成下列句子。

（1）

A 오늘 시간 있으면 같이 테니스 칠까요?

B 미안해요. 부모님이 한국에 오셔서________________.

(공항에 가다)

（2）

A 파리에서 일하고 싶어요.

B 그러면________________________________.

(프랑스어를 잘하다)

（3）

A 같이 술 한 잔 할까요?

B 미안해요. 오늘________________________.

(운전하다)

그래서 같이 술을 못 마셔요.

（4）

A 약속이 있어서 시내에 1시까지 가야 해요.

B 그럼________________________________.

(12시에 출발하다)

（5）

A 어제 왜 헬스클럽에 안 왔어요?

B 몸이 많이 아파서________________________.

(병원에 가다)

04 A/V-아/어도 되다

扫码获取音频与答案

109

사진을 **찍어도 돼요**?
这里可以拍照吗?

여기 **앉아도 돼요**?
我可以坐在这儿吗?

펜을 **써도 돼요**?
我可以用一下这支笔吗?

语法解析

表示对某种行为或状态的许可，相当于“可以……”。当词干的最后一个元音为“ㅏ”或“ㅗ”时，用“-아도 되다”；为“ㅏ”和“ㅗ”之外的其他元音时，用“-어도 되다”；以“하다”结尾的动词要变为“해도 되다”。也可以用“-아 / 어도 괜찮다”“-아 / 어도 좋다”代替“-아 / 어도 되다”。

词干最后一个元音为“ㅏ”或“ㅗ”	词干最后一个元音为“ㅏ”和“ㅗ”之外的其他元音	以“하다”结尾的动词
사다 + **-아도 되다** → 사도 되다	마시다 + **-어도 되다** → 마셔도 되다	구경하다 → 구경해도 되다

原形	-아/어도 돼요	原形	-아/어도 돼요
가다	가도 돼요	*듣다	들어도 돼요
오다	와도 돼요	*쓰다	써도 돼요
읽다	읽어도 돼요	*자르다	잘라도 돼요
요리하다	요리해도 돼요	*눕다	누워도 돼요

* 不规则变化。

对话

110

A 밤에 전화해도 돼요?
B 물론이에요. 전화하세요.

A 我可以晚上给你打电话吗?
B 当然可以，打就是。

A 창문을 열어도 돼요?
B 그럼요, 열어도 돼요.

A 可以开窗吗?
B 当然了，可以打开。

A 라디오를 켜도 돼요?
B 아이가 자고 있어요. 켜지 마세요.

A 可以开收音机吗?
B 孩子在睡觉，别开了。

练习

看图并选择合适的单词用“-아/어도 되다”完成下列句子。

보기	들어가다	술을 마시다	쓰다	켜다

(1)

A 선생님, ____________________?
B 아니요, 술을 마시지 마세요.

(2)

A 에어컨을____________________?
B 네, 켜세요.

(3)

A 지금____________________?
B 공연이 시작했어요. 쉬는 시간에 들어가세요.

(4)

A 전화를____________________?
B 네, 쓰십시오.

05 A/V-(으)면 안 되다

扫码获取音频与答案

111

실내에서 담배를 **피우면 안 돼요**.
不要在室内吸烟。

운전 중에 **전화하면 안 돼요**.
开车时不要打电话。

지금 길을 **건너면 안 돼요**.
现在不能过马路。

语法解析

表示对听话人某种特定行为的禁止或限制，也可以表示社会习惯上或者常识上对某种行为或状态的禁止或不接受，相当于“不能”或“不可以”。当词干以元音或“ㄹ”结尾时，用“-면 안 되다”；以其他辅音结尾时，用“-으면 안 되다”。

词干以元音或“ㄹ”结尾	词干以其他辅音结尾
가다 + **-면 안 돼요** → 가면 안 돼요	먹다 + **-으면 안 돼요** → 먹으면 안 돼요

原形	-면 안 돼요	原形	-으면 안 돼요
자다	자면 안 돼요	앉다	앉으면 안 돼요
보다	보면 안 돼요	받다	받으면 안 돼요
운동하다	운동하면 안 돼요	*듣다	들으면 안 돼요
*놀다	놀면 안 돼요	*붓다	부으면 안 돼요

* 不规则变化。

对话

(112)

A 수업 시간에 영어로 말해도 돼요?
B 수업 시간에는 영어로 말하면 안 돼요.
한국말을 하세요.

A 上课时可以说英语吗?
B 上课时不能说英语，
要说韩国语。

A 한국에서는 밥을 먹을 때 코를
풀면 안 돼요.
B 아, 그래요? 몰랐어요.

A 在韩国，吃饭的时候
不能擤鼻涕。
B 啊，是吗? 我不知道。

A 도서관에서 얘기하면 안 돼요.
B 아, 죄송합니다.

A 在图书馆里不要讲话。
B 啊，对不起。

小贴士

"-(으)면 안 되다"的双重否定形为"-지 않으면 안 되다"，比较常用，强调必须要做某事。

• 8월은 휴가철이니까 비행기 표를 미리 사**지 않으면 안 돼요**.
= 표를 미리 사야 돼요.
8月是假期，所以必须预订机票。(=得提前买机票。)

• 병이 심각해서 수술하**지 않으면 안 돼요**. (= 수술해야 돼요.)
他的病情很严重，必须手术。(=得做手术。)

• 다음 주에 중요한 시험이 있어서 공부하**지 않으면 안 돼요**. (= 공부해야 돼요)
下周的考试很重要，必须得好好准备。(=得学习。)

练习

看图并选择合适的单词用“-(으)면 안 되다”完成下列句子。

보기	들어오다	마시다	버리다	키우다

(1) 

A 기숙사에서 개를 키워도 돼요?

B 아니요, 개를________________.

(2) 

A 선생님, 커피를 마셔도 돼요?

B 커피를________________.

(3) 

A 여기에 쓰레기를________________.

B 죄송합니다.

(4) 

A 들어가도 돼요?

B ________________. 옷을 갈아입고 있어요.

06 A/V-지 않아도 되다 (안 A/V-아/어도 되다)

扫码获取音频与答案

113

유치원생은 버스 요금을 **내지 않아도** 돼요.
幼儿园的孩子不用买车票。

평일이니까 영화표를 미리 **사지 않아도 돼요**.
（今天）是工作日，不用提前买电影票。

금요일에는 정장을 **입지 않아도 돼요**.
周五不用穿正装。

语法解析

通常接在动词词干后，表示没有必要做某动作或保持某种状态，是“-아/어야 되다/하다”的否定形，相当于“没必要……”。（参考：单元 16 条件与假设 03 A/V-아/어도）

가다 + **-지 않아도 되다**
→ 가지 않아도 되다 (= 안 가도 되다)

먹다 + **-지 않아도 되다**
→ 먹지 않아도 되다 (= 안 먹어도 되다)

原形	-지 않아도 돼요	안 -아/어도 돼요
사다	사지 않아도 돼요	안 사도 돼요
보다	보지 않아도 돼요	안 봐도 돼요
기다리다	기다리지 않아도 돼요	안 기다려도 돼요
전화하다	전화하지 않아도 돼요	전화 안 해도 돼요
*듣다	듣지 않아도 돼요	안 들어도 돼요
*쓰다	쓰지 않아도 돼요	안 써도 돼요
*자르다	자르지 않아도 돼요	안 잘라도 돼요

* 不规则变化。

对话

114

A 오늘 회식에 꼭 가야 돼요?
B 바쁘면 안 가도 돼요.

A 今天的聚餐必须要参加吗?
B 如果忙，可以不去。

A 저는 다이어트 해야 돼요!
B 지금도 날씬해요.
다이어트하지 않아도 돼요.

A 我要减肥!
B 你现在就很苗条了，
不用再减了。

练习

看图并用“-지 않아도 되다”或“안 -아/어도 되다”完成下列句子。

(1)

A 많이 기다려야 해요?
B 사람이 없으니까 많이____________________.

(2)

A 주사를 맞아야 돼요?
B 아니요, 심하지 않아서 주사를____________________.

(3)

A 책을 사야 돼요?
B 도서관에 있으니까____________________.

(4)

A 내일도 일찍 일어나요?
B 내일은 수업이 오후에 있으니까____________________.

单元 8

希望

01 V-고 싶다

扫码获取音频与答案

115

한국말을 잘 못해요. 한국말을 **잘하고 싶어요**.
我的韩国语说得不好，（所以）我想说好韩国语。

가족을 2년 동안 못 만났어요. 가족이 **보고 싶어요**.
我已经两年没跟家人见面了，我很想念他们。

딸기를 **먹고 싶어요**.
我想吃草莓。

语法解析

主要接在动词词干后，表示说话人的愿望或希望，相当于“想……”。当主语是第一、二人称时，用“-고 싶다”；当主语是第三人称时，用“-고 싶어하다”。

사다 + **-고 싶다** → 사고 싶다　　　　읽다 + **-고 싶다** → 읽고 싶다

原形	-고 싶어요	原形	-고 싶다
가다	가고 싶어요	받다	받고 싶어요
보다	보고 싶어요	먹다	먹고 싶어요
만나다	만나고 싶어요	결혼하다	결혼하고 싶어요
만들다	만들고 싶어요	듣다	듣고 싶어요
울다	울고 싶어요	눕다	눕고 싶어요

对话

116

A 뭐 마시고 싶어요?
B 졸려요. 커피를 마시고 싶어요.

A 你想喝点儿什么？
B 我很困，想喝杯咖啡。

A 크리스마스에 무슨 선물을 받고 싶어요?
B 예쁜 장갑을 받고 싶어요.

A 圣诞节你想要什么礼物？
B 我想要一副漂亮的手套。

小贴士

❶ 当主语是第三人称时，要用“-고 싶어하다”。（参考：单元 18 词类变化 04 A-아/어하다）

- 埃里克想买一辆汽车。
  에릭 씨는 자동차를 사고 싶어요. (×)
  에릭 씨는 자동차를 사**고 싶어해요**. (√)

❷ 虽然“-고 싶다”不能直接用于形容词，但当形容词加上“-아/어지다”变为动词后，就可以与“-고 싶다”连用了。（参考：单元 19 状态 03 A-아/어지다）

- 我想变苗条。
  날씬하고 싶어요. (×)
  날씬**해지고 싶**어요. (√)

❸ “-고 싶다”既可以与“-을/를”结合，也可以与“-이/가”结合。

- 가족**이** 보고 싶어요. (√) 我很想念家人。
- 가족**을** 보고 싶어요. (√) 我很想念家人。

练习

下图中是几个去了韩国的外国人，请看图并用“-고 싶다”完成下列句子。

(1) ______________________.
(제주도, 말을 타다)

(2) ______________________.
(가수, 사인을 받다)

(3) ______________________.
(휴대전화, 사다)

(4) ______________________.
(욘사마, 만나다)

(5) ______________________.
(쇼핑, 하다)

02 A/V-았/었으면 좋겠다

扫码获取音频与答案

117

차가 **있었으면 좋겠어요**.
（我）要是有一辆汽车就好了。

돈이 **많았으면 좋겠어요**.
（我）要是很有钱就好了。

크리스마스에 눈이 **왔으면 좋겠어요**.
圣诞节如果能下雪就好了。

语法解析

表示说话人对尚未实现的事情的愿望或希望，也可以表示期望与现在情况相反，相当于“如果……就好了”。当词干最后一个元音为“ㅏ”或“ㅗ”时，用“-았으면 좋겠다”；为“ㅏ、ㅗ”之外的其他元音时，用“-었으면 좋겠다”；以“하다”结尾的动词要变为“-했으면 좋겠다”。

除“-았/었으면 좋겠다”外，也可以使用“-았/었으면 하다”，但是“-았/었으면 좋겠다”表达的希望更加强烈一些。

词干最后一个元音为“ㅏ”或“ㅗ”	词干最后一个元音为“ㅏ”和“ㅗ”之外的其他元音	以“하다”结尾的动词
가다 + **-았으면 좋겠다** → 갔으면 좋겠다	먹다 + **-었으면 좋겠다** → 먹었으면 좋겠다	여행하다 → 여행했으면 좋겠다

原形	-았/었으면 좋겠어요	原形	-았/었으면 좋겠어요
오다	왔으면 좋겠어요	밝다	밝았으면 좋겠어요
사다	샀으면 좋겠어요	길다	길었으면 좋겠어요
있다	있었으면 좋겠어요	따뜻하다	따뜻했으면 좋겠어요
학생이다	학생이었으면 좋겠어요	친절하다	친절했으면 좋겠어요
부자이다	부자였으면 좋겠어요	*부르다	불렀으면 좋겠어요
작다	작았으면 좋겠어요	*듣다	들었으면 좋겠어요

* 不规则变化。

对话

118

A 몇 살에 결혼하고 싶어요?
B 30살 전에 결혼했으면 좋겠어요.

A 你想多大年龄结婚?
B 我希望30岁之前结婚。

A 요즘도 바빠요?
B 네, 계속 바빠요.
좀 쉬었으면 좋겠어요.

A 你最近也很忙吗?
B 是的，一直很忙，
真希望能休息一下。

A 이번 방학에 뭐 할 거예요?
B 친구들하고 스키장에 갈 거예요.
방학이 빨리 왔으면 좋겠어요.

A 这个假期你打算干什么?
B 我想跟朋友们去滑雪，
希望假期快点儿开始。

小贴士

“-았/었으면 좋겠다”与“-(으)면 좋겠다”意思相似，但是“-았/었으면 좋겠다”表示在愿望尚未实现的情况下，假定愿望已经成为现实，所以强调动词的语气更强烈一些。

- 돈이 많**으면 좋겠**어요. 如果我有很多钱就好了。
  说话者只是希望自己能有很多钱。
- 돈이 많**았으면 좋겠**어요. 如果我很有钱就好了。
  说话者在设想自己有很多钱的情况。由于说话者现在并没有很多钱，因此有强调自己愿望之意。

练习

1 看图并用“-았/었으면 좋겠다”完成下列句子。

(1)

A 올해 소원이 뭐예요?

B ______________________. (애인이 생기다)

(2)

A 죽기 전에 무엇을 하고 싶어요?

B ______________________. (세계 여행을 하다)

(3)

A 내년에 무엇을 하고 싶어요?

B ______________________. (아파트로 이사하다)

2 看图并仿照例子完成下列句子。

> 보기 노래를 못해요. <u>노래를 잘했으면 좋겠어요</u>.

(1)

키가 작아요. ______________________.

(2)

회사일이 너무 힘들어요. ______________________.
(주말이다)

(3)

운동을 못해요. ______________________.

单元 9

原因与理由

01 A/V-아/어서 ②

扫码获取音频与答案

119

만나서 반갑습니다.
见到你很高兴。

기분이 **좋아서** 춤을 췄어요.
我（今天）心情很好，所以就跳起舞来了。

늦어서 죄송합니다.
对不起，我来晚了。

语法解析

表示前句是后句的原因，相当于“因为、由于”等。当词干最后一个元音为“ㅏ”或“ㅗ”时，用“아서”；为“ㅏ、ㅗ”之外的其他元音时，用“어서”；以“하다”结尾的词要变为“해서”。“이다”本来应该变为“이어서”，但是在对话中多使用“이라서”。

词干最后一个元音为“ㅏ”或“ㅗ”	词干最后一个元音为“ㅏ”和“ㅗ”之外的其他元音	以“하다”结尾的动词或形容词
오다 + **-아서** → 와서	읽다 + **-어서** → 읽어서	날씬하다 → 날씬해서

原形	-아/어서	原形	-아/어서
가다	가서	좁다	좁아서
살다	살아서	길다	길어서
있다	있어서	피곤하다	피곤해서
이다	이어서(이라서)	*바쁘다	바빠서

(续表)

原形	-아/어서	原形	-아/어서
운동하다	운동해서	*춥다	추워서
청소하다	청소해서	*듣다	들어서

* 不规则变化。

"-아 / 어서"不能用于命令句和共动句。

- 这双鞋太大了，我想看看其他的鞋。

  이 신발은 커서 다른 신발을 보여 주세요. (×)

  이 신발은 **크니까** 다른 신발을 보여 주세요. (√)

- 我今天有约了，明天见面怎么样？

  오늘 약속이 있어서 내일 만날까요? (×)

  오늘 약속이 있**으니까** 내일 만날까요? (√)

- 我喜欢这个，就买这个吧。

  이게 좋아서 이걸로 삽시다. (×)

  이게 좋**으니까** 이걸로 삽시다. (√) （参考：单元 9 理由与原因 02 A/V-(으)니까 ①）

"-아 / 어서"前面不能出现"-았 / 었-"或者"겠"等时态标志。

- 吃得太多了，肚子疼。

  밥을 많이 먹었어서 배가 아파요. (×)

  밥을 많이 **먹어서** 배가 아파요. (√)

- 这件衣服很漂亮，我想试穿一下。

  이 옷이 예쁘겠어서 입고 싶어요. (×)

  이 옷이 **예뻐서** 입고 싶어요. (√) （参考：单元 5 时间 04 V-아/어서①）

对话

120

A 토요일에 시간이 있어요?
B 이번 주는 바빠서 시간이 없어요.

A 你星期六有时间吗？
B 这周很忙，没有时间。

A 이 옷을 왜 안 입어요?
B 그 옷은 작아서 못 입어요.

A 你为什么不穿这件衣服？
B 那件衣服太小了，穿不上。

A 집에 갈 때 버스를 타요?
B 아니요, 퇴근 시간에는 차가 많아서 지하철을 타요.

A 你回家的时候坐公交车吗？
B 不坐，下班时路上堵，所以我坐地铁。

练习

看图并选择合适的单词用“-아/어서”完成下列句子。

보기	많다	마시다	맛있다	오다

（1）

A 왜 이 식당에 사람이 많아요?

B 음식이 ____________ 사람이 많아요.

（2）

A 내일 영화를 볼까요?

B 숙제가 ____________ 영화를 못 봐요.

（3）

A 어디에 가요?

B 친구가 한국에 ____________ 공항에 가요.

（4）

A 왜 약을 먹어요?

B 어제 술을 많이 ____________ 머리가 아파요.

02 A/V-(으)니까 ①

扫码获取音频与答案

121

길이 **막히니까** 지하철을 탑시다.
路上堵，我们坐地铁吧。

추우니까 창문 좀 닫아 주세요.
太冷了，关上窗户吧。

샤워를 **하니까** 기분이 좋아요.
我洗了个澡，所以心情很好。

语法解析

表示理由或原因，相当于“因为、由于”。当词干以元音或者“ㄹ”结尾时，用“-니까”；以其他辅音结尾时，用“-으니까”。

词干以元音或“ㄹ”结尾	词干以其他辅音结尾
사다 + **-니까** → 사니까	먹다 + **-으니까** → 먹으니까

原形	-니까	原形	-으니까
보다	보니까	있다	있으니까
오다	오니까	읽다	읽으니까
이다	이니까	넓다	넓으니까
아프다	아프니까	*듣다	들으니까
크다	크니까	*덥다	더우니까
피곤하다	피곤하니까	*살다	사니까

* 不规则变化。

对话

(122)

A 부장님, 이번 주에 회의가 있습니까?
B 이번 주는 바쁘니까 다음 주에 합시다.

A 部长，这周有会吗？
B 这周很忙，下周吧。

A 여자 친구에게 무슨 선물을 할까요?
B 여자들은 꽃을 좋아하니까
꽃을 선물하세요.

A 给女朋友送什么礼物好呢？
B 女生都喜欢花，
送花吧。

● 它们有什么区别?

-아/어서	-(으)니까
❶ 不能用于命令句和共动句。 • 시간이 없어서 빨리 가세요. (×) • 다리가 아파서 택시를 탈까요? (×)	❶ 可以用于"-(으)세요""(으)ㄹ까요?""(으)ㅂ시다"等命令句和共动句。 • 시간이 없**으니까** 빨리 가세요. (√) 没时间了，快点儿走吧。 • 다리가 아프**니까** 택시를 탈까요? (√) 我腿疼，打车怎么样？
❷ 不能与"-았/었"或者"-겠"等时态语法一起使用。 • 한국에서 살았어서 한국어를 잘해요. (×)	❷ 可以与"-았/었-"或"겠"等时态语法一起使用。 • 한국에서 살**았으니까** 한국어를 잘해요. (√) 我在韩国生活过，所以韩国语说得很好。
❸ 主要用于说明一般性理由。 A 왜 늦었어요? 为什么迟到了？ B 차가 막**혀서** 늦었어요. 路上堵车，所以迟到了。	❸ 主要用于说明主观理由或者提出某种根据的原因，也可以用于说明对方也知道的内容。 A 왜 늦었어요? 为什么迟到了？ B 차가 막히**니까** 늦었어요. 路上堵车，所以迟到了。
❹ 可以用于由"반갑다""고맙다""감사하다""미안하다"等构成的问候语。 • **만나서** 반갑습니다. (√) 见到你很高兴。	❹ 不能用于由"반갑다""고맙다""감사하다""미안하다"等构成的问候语。 • 만나니까 반갑습니다. (×)

练习

1 选择合适的单词并用“-(으)니까”完成下列句子。

보기	가다	고장 났다	깨끗하다	모르다	일이 많다

(1) A 몇 번 버스가 시청 앞에 가요?

B 저는 잘______________운룡 씨한테 물어보세요.

(2) A 지금 컴퓨터 좀 사용할 수 있어요?

B 이 컴퓨터는______________옆 컴퓨터를 쓰세요.

(3) A 오늘 피곤해요?

B 네, ______________너무 피곤해요.

(4) A 어느 식당으로 갈까요?

B 학교 앞 식당이 맛있고______________거기로 갈까요?

(5) A 우리 이번 주 토요일에 같이 영화 봐요.

B 이번 주 토요일은 회사에______________일요일에 봅시다.

2 请圈出正确的答案。

(1) 돈이 (없어서 / 없으니까) 쇼핑하지 맙시다.

(2) (더워서 / 더우니까) 에어컨을 켤까요?

(3) 열이 많이 (나서 / 나니까) 병원에 가세요.

(4) (도와주셔서 / 도와주시니까) 감사합니다.

(5) 1시간 전에 (떠났어서 / 떠났으니까) 곧 도착할 거예요.

03 N 때문에, A/V-기 때문에

扫码获取音频与答案

123

눈 **때문에** 길이 미끄러워요.
下雪了，路很滑。

아이 **때문에** 피곤해요.
带孩子太累人了。

외국인**이기 때문에** 한국말을 잘 못해요.
因为我是外国人，所以韩国语说得不太好。

语法解析

"때문에" 和 "-기 때문에" 表示前句是后句的理由或原因，相当于"因为、由于"，主要用于说明确定的原因和理由。与"-아/어서"和"-(으)니까"相比，"때문에"和"-기 때문에"在书面语中比较常用。当前面出现名词时，后面接"때문에"；当前面出现动词或形容词时，后面接"-기 때문에"。

名词 + 때문에	动词/形容词 + -기 때문에
아기 + **때문에** → 아기 때문에	바쁘다 + **-기 때문에** → 바쁘기 때문에

名词	名词 때문에	原形	动词/形容词 -기 때문에
비	비 때문에	살다	살기 때문에
감기	감기 때문에	배우다	배우기 때문에
친구	친구 때문에	크다	크기 때문에
남편	남편 때문에	귀엽다	귀엽기 때문에
교통	교통 때문에	멀다	멀기 때문에

"-기 때문에"不能用于命令句和共动句。

- 天气很冷，穿暖和些吧。

  날씨가 춥기 때문에 따뜻한 옷을 입으세요. (×)

  날씨가 추우**니까** 따뜻한 옷을 입으세요. (√)
- 朋友们都在等着呢，快走吧。

  친구들이 기다리기 때문에 빨리 갑시다. (×)

  친구들이 기다리**니까** 빨리 갑시다. (√)
- 今天天气好，我们去爬山怎么样？

  날씨가 좋기 때문에 산에 갈까요? (×)

  날씨가 좋**으니까** 산에 갈까요? (√)

对话

124

A 왜 늦었어요?	A 你为什么迟到了？
B 비 때문에 차가 많이 막혔어요.	B 下雨了，路上堵得厉害。
A 토요일에 만날 수 있어요?	A 星期六可以见面吗？
B 토요일은 친구 생일이기 때문에 만날 수 없어요.	B 星期六是我朋友的生日，所以见不成。
A 방학에 여행 갈 거예요?	A 你假期去旅游吗？
B 아니요, 가고 싶지만 아르바이트를 하기 때문에 못 가요.	B 虽然很想去，但是得做兼职，所以去不了。

● 它们有什么区别？

名词 **때문에**	名词 **이기 때문에**
• **아기 때문에** 밥을 못 먹어요. 我因为孩子不能吃饭。（比如，孩子不睡觉） • **학생 때문에** 선생님이 화가 나셨어요. 老师因为学生生气了。（比如，学生说谎）	• **아기이기 때문에** 밥을 못 먹어요. 因为他（她）还是个小孩儿，所以不会吃饭。 • **학생이기 때문에** 공부를 열심히 해야 해요. 因为你是个学生，所以必须努力学习。

练习

看图并用“때문에”或“-기 때문에”完成下列句子。

(1)

A 오늘 왜 학교에 안 가요?

B ______________________ 학교에 안 가요.

(휴일이다)

(2)

A 내일 주말이에요. 우리 만나서 놀까요?

B ______________________ 못 놀아요.

(약속이 있다)

(3)

A 여보세요. 여보, 오늘 일찍 와요?

B 미안해요. ______________________ 늦을 거예요.

(회사 일)

(4)

A 민우 씨, 왜 그래요? 머리가 아파요?

B 네, ______________________ 머리가 아파요.

(향수 냄새)

单元 **10**

提出请求与提供帮助

01 V-아/어 주세요, V-아/어 주시겠어요?

02 V-아/어 줄게요, V-아/어 줄까요?

01 V-아/어 주세요, V-아/어 주시겠어요?

扫码获取音频与答案

125

문 좀 닫아 주세요.
请关门。

사진 좀 찍어 주시겠어요?
您能给我拍张照吗?

자리를 안내해 드리세요.
请把她带到座位上。

语法解析

表示请求别人帮助做某事，相当于“请帮忙……”。“-아/어 주시겠어요?”比起“-아/어 주세요”显得更加谦逊和为对方着想。当接受帮助的对象是长辈或需要尊敬的人时，要使用“-아/어 드리세요”。当词干最后一个元音为“ㅏ”或“ㅗ”时，用“-아 주세요/주시겠어요?”；为“ㅏ”和“ㅗ”之外的其他元音时，用“-어 주세요/주시겠어요?”；以“하다”结尾的动词要变为“-해 주세요/주시겠어요?”。

词干最后一个元音为“ㅏ”或“ㅗ”	词干最后一个元音为“ㅏ”和“ㅗ”之外的其他元音	以“하다”结尾的动词
앉다 + **-아 주세요** → 앉아 주세요	찍다 + **-어 주세요** → 찍어 주세요	청소하다 → 청소해 주세요

原形	-아/어 주세요	-아/어 주시겠어요?
사다	사 주세요	사 주시겠어요?
켜다	켜 주세요	켜 주시겠어요?
빌리다	빌려 주세요	빌려 주시겠어요?
들다	들어 주세요	들어 주시겠어요?
소개하다	소개해 주세요	소개해 주시겠어요?
안내하다	안내해 주세요	안내해 주시겠어요?
*쓰다	써 주세요	써 주시겠어요?
*끄다	꺼 주세요	꺼 주시겠어요?

* 不规则变化。

对话

126

A 저 좀 도와주시겠어요?
B 네, 뭘 도와 드릴까요?

A 您能帮我个忙吗?
B 好的，有什么需要帮忙的?

A 왕단 씨, 이 문법 좀 가르쳐 주세요.
B 미안해요. 저도 잘 몰라요.

A 王丹，你能给我讲一下这条语法规则吗?
B 不好意思，我也不太明白。

A 미국 회사에 이메일을 보내야 해요.
이것 좀 영어로 번역해 주시겠어요?
B 네, 그럴게요.

A 我要给美国公司发邮件，
您能帮忙翻译成英语吗?
B 好的。

小贴士

“-아/어 주다/드리다”表示说话人或句子的主语帮助听话人或行为的接受对象做某事，当已经帮助对方做了某事时，要使用“-아/어 줬어요”或者“-아/어 드렸어요”。

- 형은 제 숙제를 잘 도와줘요. 哥哥经常帮我做作业。
- 잠깐만 기다려 주세요. 请稍等。
- 언니가 과일을 깎아 **줬**어요. 姐姐帮我削苹果了。
- 아직 친구에게 선물 안 해 **줬**어요. 我还没有给朋友送礼物。

练习

下图中的人在要求对方做什么？请看图并选择合适的单词用“-아/어 주세요”或“-아/어 주시겠어요？”完成下列句子。

보기	문을 열다	조용히 하다	책을 찾다	천천히 이야기하다

（1）

A ______________________________?

B 네, 열어 드릴게요.

（2）

A 재준 씨, ______________________________.

B 네, 다시 잘 들으세요.

（3）

A ______________________________.

B 네, 알겠습니다.

（4）

A ______________________________?

B 네, 알겠어요.

02 V-아/어 줄게요, V-아/어 줄까요?

扫码获取音频与答案

127

우산이 두 개 있는데 **빌려 줄까요**?
我有两把雨伞，借给你一把吧？

제가 **도와 드릴게요**.
我来帮你吧。

선생님, 제가 **들어 드릴까요**?
老师，我来帮您吧？

语法解析

表示想给别人提供帮助，相当于“我来帮你……怎么样？”。当接受帮助的对象是长辈时，要使用“-아 / 어 드릴게요”或“-아 / 어 드릴까요?”。当词干最后一个元音为“ㅏ”或“ㅗ”时，用“-아 줄게요 / 줄까요?”；为“ㅏ”和“ㅗ”之外的其他元音时，用“-어 줄게요 / 줄까요?”；以“하다”结尾的动词要变成“해 줄게요 / 줄까요?”。

词干最后一个元音为“ㅏ”或“ㅗ”	词干最后一个元音为“ㅏ”和“ㅗ”之外的其他元音	以“하다”结尾的动词
사다 + **-아 줄게요** → 사 줄게요	기다리다 + **-어 줄게요** → 기다려 줄게요	운전하다 → 운전해 줄게요

原形	-아/어 줄게요	-아/어 줄까요?
보다	봐 줄게요	봐 줄까요?
만들다	만들어 줄게요	만들어 줄까요?
빌리다	빌려 줄게요	빌려 줄까요?

(续表)

原形	-아/어 줄게요	-아/어 줄까요?
소개하다	소개해 줄게요	소개해 줄까요?
*돕다	도와 줄게요	도와 줄까요?

* 不规则变化。

对话

128

A 아줌마, 여기 상 좀 치워 주세요.
B 네, 손님, 금방 치워 드릴게요.

A 阿姨，请收拾一下这张桌子吧。
B 好的，马上收拾。

A 에어컨을 켜 주시겠어요?
B 네, 켜 드릴게요.

A 您能帮忙把空调打开吗?
B 好的，我帮您打开。

● 它们有什么区别?

-(으)세요

单纯地命令或者要求听话人做某事。

- 이 옷이 민우 씨에게 안 어울려요. 다른 옷으로 바꾸**세요**.
  这件衣服不适合你（民宇），换件其他的吧。
  为了听话人（民宇）做某事。
- 다리가 아프세요? 여기 앉**으세요**.
  腿疼吗? 请坐这儿。
  为了听话人做某事。

-아/어 주세요

请求别人为说话人做某事。

- 이 옷이 저에게 안 어울려요. 다른 옷으로 바**꿔 주세요**.
  这件衣服不适合我，请帮我换件其他的。
  为了说话人“我”做某事。
- 영화가 안 보여요. 앉**아 주세요**.
  （我）看不着电影了，请坐下。
  为了说话人“我”做某事。

练习

看图并选择合适的单词用“-아/어 줄게요”或“-아/어 줄까요?”完成下列句子。

보기	내리다	빌리다

(1)

A 망치 좀 빌려 줄 수 있어요?
B 네, ____________.

(2)

A 제가 가방을______?
B 네, 고맙습니다.

单元 11

尝试与经历

01 V-아/어 보다

02 V-(으)ㄴ 적이 있다/없다

01 V-아/어 보다

扫码获取音频与答案

129

갈비를 **먹어 봤어요**?

你吃过排骨吗？

한번 **입어 보세요**.

请试穿一下吧。

제주도에 **가 보고** 싶어요.

我想去济州岛看看。

语法解析

表示尝试做某事或者经历过某事，相当于“试着……”。当词干最后一个元音为“ㅏ”或“ㅗ”时，用“-아 보다”；为“ㅏ”和“ㅗ”之外的其他元音时，用“-어 보다”；以“하다”结尾的动词要变为“해 보다”。

一般情况下，使用现在时态表示尝试做某事，使用过去时态表示有过某种经历。

- 김치가 맛있어요. 김치를 먹**어 보**세요.
  泡菜味道不错，尝尝吧。（尝试）
- 김치를 먹**어 봤**어요. 맛있었어요.
  我吃过泡菜，很好吃。（经历）

词干最后一个元音为“ㅏ”或“ㅗ”	词干最后一个元音为“ㅏ”和“ㅗ”之外的其他元音	以“하다”结尾的动词
가다 + **-아 보다** → 가 보다	먹다 + **-어 보다** → 먹어 보다	여행하다 → 여행해 보다

原形	-아/어 보세요	-아/어 봤어요
사다	사 보세요	사 봤어요
살다	살아 보세요	살아 봤어요
입다	입어 보세요	입어 봤어요
먹다	먹어 보세요	먹어 봤어요
공부하다	공부해 보세요	공부해 봤어요
등산하다	등산해 보세요	등산해 봤어요
*듣다	들어 보세요	들어 봤어요

*不规则变化。

对话

130

A 이 신발 신어 봐도 돼요?
B 네, 신어 보세요.

A 我可以试穿一下这双鞋吗?
B 可以，您试一下吧。

A 한국 친구가 있어요?
B 아니요, 없어요.
한국 친구를 사귀어 보고 싶어요.

A 你有韩国朋友吗?
B 没有，
我想结交韩国朋友。

A 막걸리를 마셔 봤어요?
B 아니요, 안 마셔 봤어요.
어떤 맛이에요?

A 你喝过米酒吗?
B 没有，没喝过。
什么味道呀?

小贴士

"-아/어 보다" 表示经历时，不能与动词 "보다" 搭配使用。

- 我看过韩国电影。
  한국 영화를 봐 봤어요. (×)
  한국 영화를 **본 적이 있**어요. (√)

练习

1 看图并推荐朋友去下列地图中所标出的地方。

보기　속초에 가면 ____설악산에 가 보세요____.

(1) 민속촌에 가면______________________.

(2) 전주에 가면______________________.

(3) 제주도에 가면______________________.

2 请从下列方框中选择合适的单词并用“-아/어 보다”完成对话。

보기　　가다　　구경하다　　마시다

웨슬리: 왕징 씨, 인사동에 가 봤어요?

왕징: 아니요, (1) ______________. 웨슬리 씨는 (2) ______________?

웨슬리: 네, 지난 주말에 가 봤어요.

왕징: 인사동에서 뭘 했어요?

웨슬리: 옛날 물건을 구경하고 한국 전통차를 (3) ______________.

왕징: 그래요. 저도 인사동에서 전통차를 마셔 보고 싶어요.

웨슬리: 그럼, 이번 주말에 인사동을 (4) ______________.

02 V-(으)ㄴ 적이 있다/없다

扫码获取音频与答案

131

인도 영화를 **본 적이 있어요**.
我看过印度电影。

회사에 **지각한 적이 없어요**.
我上班没迟到过。

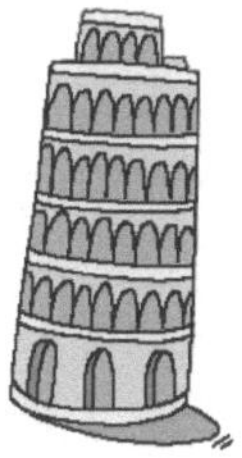

이탈리아에 **가 본 적이 있어요**?
你去过意大利吗?

语法解析

表示过去有或没有经历过某事，相当于“……过”。当主语经历过某事时，用“-(으)ㄴ 적이 있다”；未经历过某事时，用“-(으)ㄴ 적이 없다”。当词干以元音结尾时，用“-ㄴ적이 있다 / 없다”；以辅音结尾时，用“-은 적이 있다 / 없다”。“-(으)ㄴ 일이 있다 / 없다”也表示同样的意思，但是“-(으)ㄴ 적이 있다 / 없다”更常用。

词干以元音结尾	词干以辅音结尾
보다 + **-ㄴ 적이 있다** → 본 적이 있다	입다 + **-은 적이 있다** → 입은 적이 있다

原形	-ㄴ 적이 있다	原形	-은 적이 있다
타다	탄 적이 있다	읽다	읽은 적이 있다
만나다	만난 적이 있다	먹다	먹은 적이 있다
여행하다	여행한 적이 있다	받다	받은 적이 있다
*만들다	만든 적이 있다	*듣다	들은 적이 있다

* 不规则变化。

“-(으)ㄴ 적이 있다”通常与“-아/어 보다”结合构成“-아/어 본 적이 있다”，表示尝试过做某事。

- 저는 미국에 **가 본 적이 있**어요. 我去过美国。
- 한국 음식을 먹**어 본 적이 없**어요. 我没吃过韩餐。

对话

132

A 어제 명동에서 연예인을 만났어요.
B 와, 난 지금까지 한 번도 연예인을 만난 적이 없어요.

A 昨天，我在明洞见到了一位明星。
B 哇，我到目前为止还从没见到过明星呢。

A 시장에서 물건 값을 잘 깎아요?
B 아니요, 깎아 본 적이 없어요.

A 你买东西时，会砍价吗？
B 不会，我还没砍过价。

小贴士

当描述经常或每天发生的事时，不使用“-(으)ㄴ 적이 있다”。

- 오늘 물을 마신 적이 있어요. (×)
- 화장실에 간 적이 있어요. (×)

练习

看图并用“-(으)ㄴ적이 있다/없다”完成下列句子。

（1）

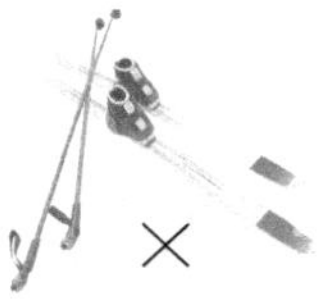

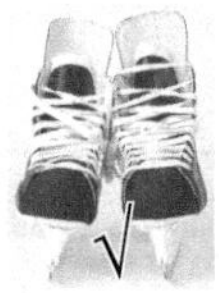

A 이번 겨울에 스키를 탄 적이 있어요?
B 아니요, 스키를 ____________________.
그렇지만 스케이트는 ____________________.

（2）

A 한국에 와서 병원에 간 적이 있어요?
B 아니요, 병원에 ____________________.
그렇지만 약국에는 ____________________.

（3）

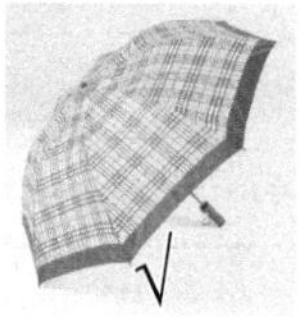

A 여권을 잃어버린 적이 있어요?
B 아니요, 여권을 ____________________.
그렇지만 우산은 ____________________.

单元 12

征求意见与提出建议

01 V-(으)ㄹ까요? ①

扫码获取音频与答案

133

같이 **농구할까요**?
我们一起打篮球吧？

여기에서 좀 **쉴까요**?
我们在这儿休息一会吧？

무슨 영화를 **볼까요**?
我们看什么电影呢？

语法解析

表示说话人向听话人提议一起做某事或者询问对方的意见，相当于“……怎么样？“……吧？”。主语一般是“우리”，但是经常省略。回答时一般使用共动句“-(으)ㅂ시다”或“-아/어요”（参考：单元 12 征求意见与提出建议 03 V-(으)ㅂ시다）。当词干以元音或“ㄹ”结尾时，用“-ㄹ까요?”；以其他辅音结尾时，用“-을까요？”。

词干以元音或“ㄹ”结尾	词干以其他辅音结尾
가다 + **-ㄹ까요?** → 갈까요?	먹다 + **-을까요?** → 먹을까요?

原形	-ㄹ까요?	原形	-을까요?
사다	살까요?	닫다	닫을까요?
여행하다	여행할까요?	*듣다	들을까요?
*열다	열까요?	*걷다	걸을까요?

* 不规则变化。

（参考：单元12 征求意见与提出建议 02 V-(으)ㄹ까요? ②, 单元17 推测 03 A/V-(으)ㄹ까요? ③）

对话

134

A 주말에 같이 노래방에 갈까요?
B 네, 좋아요. 같이 가요.

A 咱们周末一起去练歌房怎么样?
B 好的，一起去吧。

A 퇴근 후에 술 한잔할까요?
B 미안해요. 오늘 약속이 있어요.
다음에 같이 해요.

A 下班后一起去喝一杯怎么样?
B 对不起，我今天有约了，
下次一起吧。

练习

以下是布迪和王晶的对话，请看图并用“-(으)ㄹ까요? ”或“-아/어요”完成对话。

보기	부디: 왕징 씨, 우리 내일 뭐 **할까요?** (하다) 왕징: 영화 **봐요.** (보다)

부디: 무슨 영화를 (1) ______________________? (보다)

왕징: 한국 영화를 (2) ______________________. (보다)

부디: 그럼, 어디에서 (3) ______________________? (만나다)

왕징: 학교 앞에서 (4) ______________________. (만나다)

부디: 3시 영화가 있어요.

왕징: 그럼, 영화 시작하기 전에 만나서 같이 점심을 (5) ______________________? (먹다)

부디: 네, 좋아요.

왕징: 영화 보고 나서 남대문 시장에 가서 (6) ______________________? (쇼핑하다)

부디: 저는 쇼핑을 안 좋아해요. 커피 마시면서 (7) ______________________. (이야기하다)

왕징: 그럼, 그렇게 해요.

02 V-(으)ㄹ까요? ②

扫码获取音频与答案

135

창문을 **열까요**?
打开窗户怎么样?

내일 무엇을 **입을까요**?
明天穿什么好呢?

커피를 **드릴까요**, 주스를 **드릴까요**?
你喝咖啡，还是果汁?

语法解析

表示说话人向听话人提出自己的建议或者征求听话人的意见，相当于“……怎么样?”。主语一般为“제가”或“내가”，但通常可以省略。回答时一般使用命令句“-(으)세요”或“-(으)지 마세요”。当词干以元音或“ㄹ”结尾时，用“-ㄹ까요?”；以其他辅音结尾时，用“-을까요?”。

词干以元音或“ㄹ”结尾	词干以其他辅音结尾
사다 + **-ㄹ까요?** → 살까요?	닫다 + **-을까요?** → 닫을까요?

原形	-ㄹ까요?	原形	-을까요?
가다	갈까요?	읽다	읽을까요?
오다	올까요?	놓다	놓을까요?
*만들다	만들까요?	*듣다	들을까요?

* 不规则变化。

（参考：单元12 征求意见与提出建议 01 V-(으)ㄹ까요? ①, 单元17 推测 03 A/V-(으)ㄹ까요? ③）

对话

A 내일 언제 전화할까요?
B 저녁에 전화하세요.

A 我明天什么时候给你打电话?
B 晚上打吧。

A 여자 친구 생일이에요.
무슨 선물을 살까요?
B 향수를 사세요.
여자들은 향수를 좋아해요.

A 我女朋友要过生日了,
给她买什么礼物好呢?
B 买香水吧,
女生都喜欢香水。

A 이 컴퓨터를 어디에 놓을까요?
B 책상 위에 놓으세요.

A 这台电脑放哪儿?
B 放在桌子上吧。

练习

请用“-(으)ㄹ까요?”征求对方意见,然后用“-(으)세요”或“-지 마세요”回答。

보기	가다	가져가다	먹다	보다

(1)

A 오늘 날씨가 흐려요? 우산을__________?
B 네, __________. 비가 곧 오겠어요.

(2)

A 외국 친구와 점심 약속이 있어요. 무슨 음식을______?
B 잡채를 ________. 외국 사람들은 잡채를 좋아해요.

(3)

A 미국에서 친구가 와요. 친구와 어디에________?
B 민속촌에______. 한국의 전통 문화를 알 수 있어요.

(4)

A 내일 여자 친구와 데이트가 있어요. 이 영화를______?
B 이 영화를______. 여자들은 액션영화를 안 좋아해요.

03 V-(으)ㅂ시다

扫码获取音频与答案

137

한식을 **먹읍시다**.
我们吃韩餐吧。

버스를 타지 마요. 지하철을 **탑시다**.
咱们别坐公交了，坐地铁吧。

영화를 **보지 맙시다**.
别看电影了吧。

语法解析

表示提议听话人一起做某事，相当于“一起……吧”，也可以用“-아/어요”。当词干以元音结尾时，用“-ㅂ시다”；以辅音结尾时，用“-읍시다”。当提议不做某事时，一般用“-지 맙시다”或者“-지 마요”。

词干以元音结尾	词干以辅音结尾
가다 + **-ㅂ시다** → 갑시다	먹다 + **-읍시다** → 먹읍시다

原形	-(으)ㅂ시다	-지 맙시다
오다	옵시다	오지 맙시다
만나다	만납시다	만나지 맙시다
여행하다	여행합시다	여행하지 맙시다
*만들다	만듭시다	만들지 맙시다
*걷다	걸읍시다	걷지 맙시다

* 不规则变化。

对话

138

A 언제 출발할까요?
B 10분 후에 출발합시다.

A 我们什么时候出发？
B 10分钟后出发吧。

A 주말에 클럽에 갈까요?
B 월요일에 시험이 있으니까 클럽에 가지 맙시다. 같이 공부합시다.

A 我们周末去俱乐部怎么样？
B 星期一有考试，还是别去俱乐部了，一起学习吧。

A 오늘 등산 갈까요?
B 어제 비가 와서 미끄러워요. 다음 주에 가요.

A 今天去爬山怎么样？
B 昨天下雨了，路上很滑，下周再去吧。

小贴士

“-(으)ㅂ시다”主要用于在正式场合向很多人提出邀请或建议，也可以用于比说话人年龄小、地位低或者差不多的听话人，但不可用于长辈或其他需要尊敬的人。如果使用，就会显得很没有礼貌。此时，可以使用“같이 -(으)세요”。

❶ 当建议或邀请一群人做某事时。

- 여러분, 우리 모두 공부 열심히 **합시다**. 各位，我们都努力学习吧。
- 점심시간입니다. 모두들 점심 식사**합시다**. 现在是午饭时间，大家都去吃午饭吧。

❷ 当听话人比说话人年龄小或跟说话人的年龄、地位差不多时。

- 사장님: 토요일에 같이 점심 식사**합시다**. 星期六一起吃午饭吧。
  사원: 네. 좋습니다. 好的。
- 재준: 요코 씨, 주말에 같이 등산 **갑시다**. 洋子，咱们周末一起去爬山吧。
  요코: 그래요, 재준 씨. 好的。

❸ 当听话人比说话人年龄大或地位高时。

- 老师，咱们一起去练歌房吧。
  선생님, 노래방에 같이 갑시다. (×)
  선생님, 노래방에 **같이 가세요**. (√)
- 教授，您和我们一起去吃午饭吧。
  교수님, 저희와 같이 점심 먹읍시다. (×)
  교수님, 저희와 **같이** 점심 **드세요**. (√)

练习

志秀和朋友卡罗尔在计划暑假旅程，请用“-(으)ㅂ시다”或“-아/어요”完成下列对话。

지수: 캐럴 씨, 이번 여름에 휴가를 같이 갈까요?

캐럴: 네, 좋아요. 같이 （1）＿＿＿＿＿＿＿＿＿＿. (가다)

지수: 어디로 갈까요? 해외로 갈까요, 국내로 갈까요?

캐럴: 저는 한국 여행을 많이 못했으니까 국내로 가고 싶어요.
국내 （2）＿＿＿＿＿＿＿＿＿＿. (여행하다)

지수: 그래요. 아, 설악산에 가면 산과 바다에 갈 수 있어요. 설악산이 어때요?

캐럴: 설악산이 좋겠어요. 설악산에 （3）＿＿＿＿＿＿＿＿＿＿. (가다)
바다에 가면 우리 수영도 하고 （4）＿＿＿＿＿＿＿＿＿＿. (선탠도 하다)

지수: 와, 재미있겠어요.
산에도 갈 거니까 운동화나 등산화도 （5）＿＿＿＿＿＿＿＿＿＿. (가져가다)

캐럴: 네, 알겠어요.

지수: 참, 거기에는 생선회가 유명해요. 캐럴 씨, 생선회 먹을 수 있어요?

캐럴: 물론이에요. 우리 생선회도 （6）＿＿＿＿＿＿＿＿＿＿. (먹다)

04 V-(으)시겠어요?

扫码获取音频与答案

139

도넛 좀 드시겠어요?
您要不要吃甜甜圈?

방을 예약하시겠어요?
您要预订房间吗?

커피에 설탕을 넣으시겠어요?
您要往咖啡里加糖吗?

语法解析

表示礼貌地建议对方做某事或者询问对方的意见，相当于“要……吗？”或“要不要……？”。比“-(으)ㄹ래요?/-(으)실래요?”更有礼貌，也更具有格式体色彩。当词干以元音结尾时，用“-시겠어요?”；以辅音结尾时，用“-으시겠어요?”。

词干以元音结尾	词干以辅音结尾
가다 + **-시겠어요?** → 가시겠어요?	읽다 + **-으시겠어요?** → 읽으시겠어요?

原形	-시겠어요?	原形	-으시겠어요?
오다	오시겠어요?	앉다	앉으시겠어요?
만나다	만나시겠어요?	받다	받으시겠어요?
구경하다	구경하시겠어요?	입다	입으시겠어요?
*만들다	만드시겠어요?	*듣다	들으시겠어요?

* 不规则变化。

对话

(140)

A 내일 몇 시에 오시겠어요?
B 3시까지 갈게요.

A 您明天几点来?
B 我三点过去。

A 여보세요, 조엘 씨, 저 리라예요.
지금 통화 괜찮아요?
B 미안해요. 지금 회의 중이에요.
30분 후에 다시 전화해 주시겠어요?

A 喂，乔尔，我是莱拉，
现在方便通话吗?
B 对不起，我现在正在开会，
30分钟后再打过来好吗?

A 한국의 전통 기념품을 사고 싶어요.
B 그럼, 인사동에 가 보시겠어요?

A 我想买些韩国传统纪念品。
B 那么，去仁寺洞看看怎么样?

练习

仿照例子，选择恰当的回答。

보기 김 선생님 계세요? — ⓒ

(1) 머리를 어떻게 하시겠어요?

(2) 주말에 심심해요.

(3) 내일 제 생일 파티가 있어요.
와 주시겠어요?

(4) 이 문제가 어려워요.
좀 가르쳐 주시겠어요?

ⓐ 그럼, 같이 영화 보러 가시겠어요?

ⓑ 미안해요. 저도 잘 모르겠어요.

ⓒ 지금 수업 중이세요. 잠깐만
기다리시겠어요?

ⓓ 짧게 잘라 주세요.

ⓔ 네, 좋아요. 꼭 갈게요.

05 V-(으)ㄹ래요? ①

扫码获取音频与答案

141

등산 같이 **갈래요**?
咱们一起去爬山怎么样？

커피 한 잔 **하실래요**?
来杯咖啡怎么样？

한강에서 배를 **타지 않을래요**?
要不要去汉江坐船？

语法解析

表示询问听话人的意见、意图或者委婉地拜托听话人做某事，相当于“……怎么样？”。口语中比较常用，而且多用于关系亲近的人之间，不像“-으시겠어요?”那样给人一种郑重严肃的感觉。用“-(으)ㄹ래요?”提问时，可以用 “-(으)ㄹ래요” “-(으)ㄹ게요”回答。此外，也可以用“-지 않을래요? (안 -(으)ㄹ래요?)”提问，虽然是否定形，但是与“-(으)ㄹ래요?”的意思是一样的。当想用一种更加亲近、谦逊的语气提问时，最好用“-(으)실래요?”。当词干以元音或“ㄹ”结尾时，用“-ㄹ래요?”；以其他辅音结尾时，用“-을래요?”。

词干以元音或“ㄹ”结尾	词干以其他辅音结尾
가다 + **-ㄹ래요?** → 갈래요?	받다 + **-을래요?** → 받을래요?

原形	-ㄹ래요?	原形	-을래요?
보다	볼래요?	먹다	먹을래요?
사다	살래요?	앉다	앉을래요?

(续表)

原形	-ㄹ래요?	原形	-을래요?
운동하다	운동할래요?	*듣다	들을래요?
*놀다	놀래요?	*걷다	걸을래요?

* 不规则变化。

（参考：单元 13 意志与计划 03 V-(으)ㄹ래요 ②）

对话

142

A 저는 된장찌개를 먹을래요.
하미 씨는 뭐 드실래요?
B 저는 갈비탕을 먹을래요.

A 我想喝大酱汤，
夏美，你吃什么？
B 我要吃排骨汤。

A 유키 씨, 우리 시험 끝나고 뭐 할래요?
B 영화 볼까요?

A 尤琪，考试结束后我们干什么？
B 看电影怎么样？

A 서울의 야경이 보고 싶어요.
B 그럼 저녁에 서울타워에 같이 갈래요?

A 我想看首尔的夜景。
B 那晚上一起去首尔塔怎么样？

练习

请从下列方框中选择合适的单词并用“-(으)ㄹ래요?”完成句子。

보기	걷다	보지 않다	쇼핑하다	앉다	타다

(1) A 흐엉 씨, 다리 아파요? 저기 의자에 ______________?
B 아니요, 괜찮아요.

(2) A 와, 눈이 많이 왔어요. 우리 스키 ______________?
B 네, 좋아요.

(3) A 요즘 백화점에서 세일해요.
B 그럼, 오늘 백화점에서 같이 ______________?

(4) A 날씨가 정말 좋아요.
B 그래요? 그럼, 밖에 나가서 좀 ______________?

(5) A 요즘 재미있는 영화가 많이 있어요. 같이 영화 ______________?
B 미안해요. 요즘 바빠서 시간이 없어요.

单元 13

意志与计划

01 A/V-겠어요 ①

02 V-(으)ㄹ게요

03 V-(으)ㄹ래요 ②

01 A/V-겠어요 ①

扫码获取音频与答案

143

올해에는 담배를 꼭 **끊겠습니다**.
今年我一定要戒烟。

제가 출장을 **가겠습니다**.
我去出差。

잠시 후에 인천공항에 **도착하겠습니다**.
稍后将抵达仁川机场。

语法解析

1 接在动词词干后，表示说话人要做某事的意志或意图，相当于“将要……”或者“打算……”。其否定形是“-지 않겠어요”或“안 -겠어요”。

- 아침마다 운동하**겠어요**. 我要每天早晨锻炼身体。
- 이제 술을 마시**지 않겠어요**. 我以后不再喝酒了。

当“-겠어요”表示意图或意志时，主语不能是第三人称。

- 카일리 씨는 내일부터 다이어트를 하겠어요. (×)
  카일리 씨는 내일부터 다이어트를 **할 거예요**. (√) 凯莉打算从明天开始减肥。
  저는 내일부터 다이어트를 하**겠어요**. (√) 我要从明天开始减肥。

2 表示某事即将发生，相当于“将要……”。

- (기차역 안내 방송) 기차가 곧 도착하**겠**습니다.
  (火车站内的广播) 火车马上就要进站了。
- (일기예보에서) 내일은 비가 오**겠**습니다.
  (天气预报) 明天有雨。

가다 + **-겠어요** → 가겠어요　　　　먹다 + **-겠어요** → 먹겠어요

原形	-겠어요	原形	-겠어요
오다	오겠어요	읽다	읽겠어요
만나다	만나겠어요	만들다	만들겠어요
전화하다	전화하겠어요	듣다	듣겠어요

（参考：单元17 推测 01 A/V-겠어요 ②）

对话

144

A 왕단 씨, 지각하지 마십시오!
B 죄송합니다.
내일부터는 일찍 오겠습니다.

A 王丹，不要再迟到了！
B 对不起，
从明天起我会早来的。

A 외국 손님들이 오셔서 통역이 필요합니다.
B 부장님, 그럼 제가 통역을 하겠습니다.

A 有外国客人要来，我们需要翻译。
B 部长，我来做翻译吧。

A 잠시 후에는 안준호 교수님께서 한국 경제에 대해 강의를 하시겠습니다.
B 안녕하십니까? 안준호입니다.

A 稍后安俊浩教授将举办一场关于韩国经济的讲座。
B 大家好，我是安俊浩。

小贴士

❶ 以下情况习惯使用“-겠”。
- 처음 뵙**겠**습니다. 이민우입니다. 初次见面，我是李民宇。
- 잘 먹**겠**습니다. 我会好好享用这顿美餐的。
- 어머니, 학교 다녀오**겠**습니다. 妈妈，我去上学了。

❷ 当说话人不是把自己的想法直截了当地说出来，而是以温和的语气委婉地表达出来时，也可以使用“-겠”。
A 여러분, 여기까지 알**겠**어요? 各位，现在明白了吗？
B 아니요, 잘 모르**겠**어요. 不太明白。

练习

1 下图中的这些人在新年都有什么打算？请看图并用“-겠어요”完成下列句子。

（1）

올해에는 열심히＿＿＿＿＿＿＿＿＿＿＿＿＿＿＿＿.
(공부하다)

（2）

올해에는 아내를 많이＿＿＿＿＿＿＿＿＿＿＿＿＿＿＿＿.
(도와주다)

（3）

올해에는＿＿＿＿＿＿＿＿＿＿＿＿＿＿＿＿＿＿＿＿.
(컴퓨터 게임을 하다 ×)

2 电视上在播放天气预报，请根据下图用“-겠습니다”完成句子。

내일 세계의 날씨를 보시겠습니다. （1）내일 서울은＿＿＿＿＿＿＿＿＿＿＿＿＿＿.
（2）뉴욕은＿＿＿＿＿＿＿＿＿＿＿＿＿＿. （3）방콕은＿＿＿＿＿＿＿＿＿＿＿＿＿＿.

02 V-(으)ㄹ게요

扫码获取音频与答案

145

제가 전화 **받을게요**.
我来接电话。

죄송합니다. 일이 있어서 먼저 **갈게요**.
对不起，我有点儿事，先走了。

저녁에 **전화할게요**.
我晚上给你打电话。

语法解析

表示说话人把自己的决心、意志以一种向对方承诺的口吻说出来或者跟对方约定某事。当说话人表示自己要做某事时，也可以使用。主要用于口语，常用在关系比较亲近的人之间。当动词词干以元音或“ㄹ”结尾时，用“-ㄹ게요”；以其他辅音结尾时，用“-을게요”。

动词词干以元音或“ㄹ”结尾	动词词干以其他辅音结尾
가다 + **-ㄹ게요** → 갈게요	찾다 + **-을게요** → 찾을게요

原形	-ㄹ게요	原形	-을게요
오다	올게요	끊다	끊을게요
타다	탈게요	*듣다	들을게요
공부하다	공부할게요	*걷다	걸을게요
*열다	열게요	*돕다	도울게요

* 不规则变化。

只与表示主语意志的动词一起使用。
- 오늘 오후에는 바람이 불게요. (×) **刮风不是风的意志，所以不能使用。**
- 저는 이제부터 날씬할게요. (×) **不能与形容词搭配。**

主语只能是第一人称。
- 부디 씨가 저녁에 전화할게요. (×)
  부디 씨가 저녁에 전화**할 거예요**. (√) 布迪会在晚上打来电话。
  제가 저녁에 전화**할게요**. (√) 我晚上打电话。

提问时不使用。
- 리라 씨, 이제 늦지 않을게요? (×)
  리라 씨, 이제 늦지 않**을 거예요**? (√) 莱拉，你以后不会再迟到了吧？

对话

146

A 제 책 가지고 왔어요?
B 미안해요. 잊어버렸어요.
내일은 꼭 가지고 올게요.

A 我的书带来了吗？
B 对不起，我忘了，
明天一定带来。

A 에릭 씨, 카일리 씨의 이메일 주소 아세요?
B 네, 알아요. 제가 종이에 써 드릴게요.

A 埃里克，你知道凯莉的电子邮箱吗？
B 我知道，我给你写下来。

● 它们有什么区别？

-(으)ㄹ게요	-(으)ㄹ 거예요
与听话人有关，主语的意志和想法要考虑到对方感受。	与听话人没有任何关系，表示主语单方面的想法或意志、计划。
A 몸에 안 좋으니까 담배를 피우지 마세요. B 네, 담배를 안 피**울게요**. **B听完A的话后，陈述自己听从建议的意愿。**	A 이제부터 담배를 안 피**울 거예요**. B 잘 생각하셨어요. **A已经计划戒烟，这个决定跟B没有关系。**
A 그럼, 안녕히 가세요. B 네, 제가 밤에 전화**할게요**. **如果A愿意，B想打电话。**	A 그럼, 안녕히 가세요. B 네, 제가 밤에 전화**할 거예요**. **不管A是否愿意，B都会打电话。**

练习

看图并仿照例子完成下列句子。

보기

A 이거 너무 어려워요. 가르쳐 줄 수 있어요?

B 그럼요. 제가 가르쳐 줄게요.

(가르쳐 주다)

（1）

A 웨슬리 씨가 점심을 샀으니까 제가 커피를__________.

(사다)

B 고마워요. 잘 마실게요.

（2）

A 티루엔 씨, 이 서류를 팩스로 보내 주시겠어요?

B 네, 바로____________________.

(보내 드리다)

（3）

A 이거 비밀이니까 다른 사람한테 이야기하면 안 돼요.

B 알겠어요. ____________________.

(이야기하다 ×)

（4）

A 내일 일찍 일어나야 하니까 오늘 늦게 자면 안 돼요.

B 네, 알겠어요. 오늘 ____________________.

(늦게 자다 ×)

03 V-(으)ㄹ래요 ②

扫码获取音频与答案

147

너무 배가 불러요. 그만 **먹을래요**.
我吃饱了，不能再吃了。

커피 **마실래요**.
我要喝咖啡。

이번 방학에는 여행을 **할래요**.
这个假期我要去旅游。

语法解析

表示说话人有做某事的意志，相当于“我要……”或“我想……”。在口语中比较常用，一般多用于关系比较亲近的人之间，没有郑重严肃的感觉。用在疑问句中时，表示询问对方的意向。（参考：单元 12 征求意见与提出建议 05 V-(으)ㄹ래요？①）当动词词干以元音或“ㄹ”结尾时，用“-ㄹ래요”；以其他辅音结尾时，用“-을래요”。

动词词干以元音或“ㄹ”结尾	动词词干以其他辅音结尾
가다 + **-ㄹ래요** → 갈래요	먹다 + **-을래요** → 먹을래요

原形	-ㄹ래요	原形	-을래요
오다	올래요	받다	받을래요
타다	탈래요	있다	있을래요
공부하다	공부할래요	*듣다	들을래요
*놀다	놀래요	*걷다	걸을래요

* 不规则变化。

1 只能与动词结合使用。

- 我要是个子能再高点儿就好了。

  저는 키가 클래요. (×)

  저는 키가 컸으면 좋겠어요. (√)

- 我要是长得漂亮就好了。

  저는 예쁠래요. (×)

  저는 예뻤으면 좋겠어요. (√)

  （参考：单元 8 希望 02 A/V-았/었으면 좋겠다）

2 主语只能是第一人称。

- 호앙 씨는 다음 주에 고향에 갈래요. (×)

  호앙 씨는 다음 주에 고향에 **갈 거예요**. (√) 浩昂下周要回故乡。

  저는 다음 주에 고향에 **갈래요**. (√) 我下周要回故乡。

  （参考：单元 12 征求意见与提出建议 05 V-(으)ㄹ래요? ①）

对话

148

A 하미 씨, 이따가 액션 영화 볼래요, 공포 영화 볼래요?	A 夏美，我们一会儿是看动作片，还是恐怖片？
B 저는 공포 영화는 싫어요. 액션 영화 볼래요.	B 我不喜欢恐怖片，我想看动作片。
A 뭐 드실래요?	A 您要喝点儿什么？
B 저는 커피를 마실래요.	B 我想喝咖啡。
A 오늘 리라 씨의 생일 파티에 안 가요?	A 你今天不去参加莱拉的生日聚会吗？
B 네, 안 갈래요. 피곤해서 집에서 쉴래요.	B 我不去了，我很累，想在家里休息。

练习

看图并用“-(으)ㄹ래요”完成下列句子。

(1)

A 캐럴 씨는 빨간색이 잘 어울리니까 오늘 빨간색 옷을 입으세요.

B 지난번에 빨간색을 입었으니까 오늘은 검은색 옷을 ______________.

(입다)

(2)

A 12시예요. 점심 안 드세요?

B 아침을 늦게 먹어서 저는 이따가______________.

(먹다)

(3)

A 방학 때 피아노 배울래, 기타 배울래?

B 기타를______________.

(배우다)

(4)

A 날씨가 더우니까 아이스크림 먹을래요?

B 저는 배가 아파서______________.

(먹다 ×)

单元 14

提示与说明

01 A/V-(으)ㄴ/는데 ②

02 V-(으)니까 ②

01 A/V-(으)ㄴ/는데 ②

扫码获取音频与答案

149

추운데 창문을 닫을까요?
挺冷的，关上窗户吧？

비가 **오는데** 우산이 없어요.
下雨了，可是我没有伞。

제 동생은 **학생인데** 공부를 아주 잘해요.
我妹妹是个学生，学习很好。

많이 **샀는데** 이제 갈까요?
买了很多了，现在走吧？

语法解析

表示前句是后句的原因或背景，或者表示在前句中提示后句的内容。当与形容词结合时，若词干以元音结尾，用“-ㄴ데”；以辅音结尾，用“-은데”。当与动词结合时，一律用“-는데”。

形容词和“이다”的现在时态		动词的现在时态	动词和形容词的过去时态
词干以元音结尾	词干以辅音结尾		
-ㄴ데	**-은데**	**-는데**	**-았/었는데**
바쁜데 학생인데	많은데 적은데	보는데 먹는데 있는데 없는데	봤는데 바빴는데 의사였는데 학생이었는데

原形	-(으)ㄴ/는데	原形	-(으)ㄴ/는데
작다	작은데	오다	오는데
높다	높은데	기다리다	기다리는데
편리하다	편리한데	찾다	찾는데
*귀엽다	귀여운데	듣다	듣는데
*하얗다	하얀데	*살다	사는데
아팠다	아팠는데	받았다	받았는데
경찰이었다	경찰이었는데	결혼했다	결혼했는데

* 不规则变化。

（参考：单元 4 罗列与对比 04 A/V-(으)ㄴ/는데 ①）

对话

150

A 요코 씨가 회사원이에요?
B 아니요, 아직 학생인데 올해 졸업할 거예요.

A 洋子，你是公司职员吗？
B 不，我还是个学生，今年毕业。

A 학교 근처에 어느 식당이 괜찮아요?
B 학교 옆에 '만나 식당'이 괜찮은데 거기 한번 가 보세요.

A 你们学校附近哪家餐厅不错呢？
B 学校旁边的万娜餐厅不错，去那里看看吧。

A 이 옷을 어제 샀는데 마음에 안 들어요.
B 왜요? 지수 씨한테 잘 어울려요.

A 这件衣服是昨天买的，可是我不喜欢。
B 为什么？很适合你呀。

练习

看图并从方框中选择合适的单词用"-(으)ㄴ/는데"完成下列句子。

보기	고프다	없다	오다	친구이다

（1）

A 이 사람이 누구예요?
B 제 ____________ 지금 미국에 있어요.

(2)

A 배가____________식당에 갈까요?

B 네, 좋아요.

(3)

A 비가____________택시를 탑시다.

B 네, 그러는 게 좋겠어요.

(4)

A 주스 한 잔 주시겠어요?

B 주스가____________커피 드릴까요?

02 V-(으)니까 ②

扫码获取音频与答案

151

집에 **들어오니까** 맛있는 냄새가 나요.
我回到家就闻到了香喷喷的味道。

아침에 **일어나니까** 선물이 있었어요.
我早晨起来发现有礼物。

집에 **오니까** 밤 12시였어요.
我到家的时候已经是晚上 12 点了。

语法解析

表示由于做了前面的行为，结果发现了后面的事实，相当于“做了……后发现……”。当词干以元音结尾时，用“-니까”；以辅音结尾时，用“-으니까”。表示发现某个事实的“-(으)니까”只能与动词搭配使用。

词干以元音结尾	词干以辅音结尾
가다 + **-니까** → 가니까	받다 + **-으니까** → 받으니까

原形	-니까	原形	-으니까
오다	오니까	먹다	먹으니까
배우다	배우니까	읽다	읽으니까
일어나다	일어나니까	있다	있으니까
전화하다	전화하니까	*들다	들으니까
*만들다	만드니까	*걷다	걸으니까

* 不规则变化。

表示结果或发现时，“-(으)니까”前面不可以出现“-았”或者“-겠”等时态标志。

- 早晨到公司一看，一个人也没有。
  아침에 회사에 갔으니까 아무도 없었어요. (×)
  아침에 회사에 **가**니까 아무도 없었어요. (√)
- 晚上回家一看，妈妈在家。
  저녁에 집에 왔으니까 어머니가 계셨어요. (×)
  저녁에 집에 **오**니까 어머니가 계셨어요. (√)

（参考：单元 9 原因与理由 02 A/V-(으)니까 ①）

对话

152

A 제이슨 씨한테 전화해 봤어요?
B 네, 그런데 전화하니까 안 받아요.

A 你给杰森打电话了吗?
B 打了，但没人接。

A 그 모자 얼마예요?
B 만 원이요. 어제 백화점에 가니까 세일을 하고 있었어요.

A 那顶帽子多少钱?
B 10,000韩元。我昨天去商场一看，正在打折（，所以就买了）。

练习

连线并仿照例句写句子。

보기 친구 집에 전화하다	ⓐ 한국 생활이 재미있어요.
(1) 지하철을 타 보다	ⓑ 생선회가 싸고 맛있었어요.
(2) 한국에서 살아 보다	ⓒ 할머니가 전화를 받으셨어요.
(3) 부산에 가다	ⓓ 빠르고 편해요.
(4) 동생의 구두를 신어 보다	ⓔ 작았어요.

보기 친구 집에 전화하니까 할머니가 전화를 받으셨어요.

(1) ______________________________.

(2) ______________________________.

(3) ______________________________.

(4) ______________________________.

单元 **15**

目的与意图

01 V-(으)러 가다/오다

02 V-(으)려고

03 V-(으)려고 하다

04 N을/를 위해(서), V-기 위해(서)

05 V-기로 하다

01 V-(으)러 가다/오다

扫码获取音频与答案

153

옷을 **사러** 동대문 시장에 **가요**.
我们去东大门市场买衣服。

한국 팬들을 **만나러** 한국에 **왔어요**.
我来韩国见我的韩国粉丝们。

은행에 돈을 **찾으러 가요**.
我去银行取钱。

语法解析

表示为了做前句中的事而去或来后句中的地方，相当于“去 / 来……做……”。当动词词干以元音或“ㄹ”结尾时，用“-러 가다 / 오다”；以其他辅音结尾时，用“-(으)러 가다 / 오다”。

动词词干以元音或“ㄹ”结尾	动词词干以其他辅音结尾
사다 + **-러 가다** → 사러 가다	먹다 + **-으러 가다** → 먹으러 가다

原形	-러 가요/와요	原形	-으러 가요/와요
보다	보러 가요/와요	받다	받으러 가요/와요
배우다	배우러 가요/와요	찾다	찾으러 가요/와요
공부하다	공부하러 가요/와요	*듣다	들으러 가요/와요
*놀다	놀러 가요/와요	*짓다	지으러 가요/와요
*살다	살러 가요/와요	*돕다	도우러 가요/와요

* 不规则变化。

"-(으)러" 后面常与 "가다、오다、다니다" 等表示移动的动词一起使用。

• 옷을 사러 시장에 **가**요. (√) 去市场买衣服。

• 옷을 사러 돈을 찾아요. (×) → 옷을 **사려고** 돈을 **찾**아요. (√) 取钱买衣服。

"가다 (去 / 走)、오다 (来)、올라가다 (上去)、내려가다 (下去)、들어가다 (进去)、나가다 (出去)、여행하다 (旅行)、이사하다 (搬家)" 等表示移动的动词不能用在 "-(으)러" 的前面。

• 가러 가다 (×), 오러 가다 (×), 올라가러 가다 (×), 나가러 가다 (×)

对话

154

A 이사했어요?

B 네, 지난주에 했어요.
주말에 우리 집에 놀러 오세요.

A 你搬家了吗?

B 是的，上周搬的。
周末来我家玩儿吧。

A 요즘 바빠요?

B 네, 조금 바빠요.
한국 춤을 배우러 학원에 다녀요.

A 你最近忙吗?

B 是的，有点儿忙。
我最近在培训班学跳韩国舞呢。

练习

看图并用 "-(으)러 가다/오다" 完成下列句子。

(1)

A 어떻게 오셨습니까?

B 사장님을____________왔습니다.
(만나다)

(2)

A 어디에 가요?

B ____________나가요. 남자 친구하고 약속이 있어요.
(데이트 하다)

(3)

A 음식이 나왔는데 어디에 가요?

B 손을____________화장실에 가요.
(씻다)

02 V-(으)려고

扫码获取音频与答案

155

살을 **빼려고** 매일 세 시간씩 운동을 해요.
为了减肥，我每天运动三个小时。

아내에게 **주려고** 선물을 샀어요.
我买了礼物送给妻子。

잠을 **자지 않으려고** 커피를 5잔이나 마셨어요.
我喝了五杯咖啡解困。

语法解析

表示说话人的意图或计划，即说话人带着前句的意图做后句的动作，相当于“想……”或“为了……”。当动词词干以元音或“ㄹ”结尾时，用“-려고”；以其他辅音结尾时，用“-으려고”。

动词词干以元音或“ㄹ”结尾	动词词干以其他辅音结尾
보다 + **-려고** → 보려고	먹다 + **-으려고** → 먹으려고

原形	-려고	原形	-으려고
가다	가려고	찍다	찍으려고
만나다	만나려고	읽다	읽으려고
이야기하다	이야기하려고	찾다	찾으려고
*놀다	놀려고	*듣다	들으려고
*벌다	벌려고	*짓다	지으려고

* 不规则变化。

对话

156

A 정아 씨, 요즘 학원에 다녀요?
B 네, 컴퓨터를 배우려고 학원에 다니고 있어요.

A 静雅，你最近去培训班吗？
B 是的，我最近在培训班学电脑。

A 아까 만났는데 왜 또 전화했어요?
B 당신 목소리를 들으려고 전화했어요.

A 我们刚见过面，你怎么又打电话？
B 我想听听你的声音。

A 자려고 누웠는데 잠이 안 와요.
B 그러면 따뜻한 우유를 한 잔 마셔보세요.

A 我想躺下睡觉，可是睡不着。
B 那么，喝杯热牛奶吧。

● 它们有什么区别？

-(으)러

❶ 通常与“가다、오다、다니다、올라가다、나가다”等移动动词连用。
- 我去咖啡店见朋友。
  친구를 만나러 커피숍에서 친구를 기다려요. (×)
  친구를 만나**러** 커피숍에 가요. (√)

❷ “-(으)러”后面的动词可以使用现在时态、过去时态和将来时态。
- 친구를 만나**러** 커피숍에 **가**요. (√)
  我去咖啡店见朋友。
- 친구를 만나**러** 커피숍에 **갔**어요. (√)
  我去咖啡店见朋友了。
- 친구를 만나**러** 커피숍에 **갈 거예**요. (√)
  我要去咖啡店见朋友。

❸ 可以与“-(으)ㅂ시다”“-(으)세요”连用。
- 밥을 먹**으러** 식당에 **갑시다**. (√)
  我们去餐厅吃饭吧。
- 밥을 먹**으러** 식당에 가**세요**. (√)
  我们去饭馆吃饭吧。

-(으)려고

❶ 可以与所有动词连用。
- 친구를 만나**려고** 커피숍에 **가**요. (√)
  我去咖啡店见朋友。
  친구를 만나**려고** 커피숍에서 친구를 **기다려**요. (√)
  我在咖啡店等朋友，想跟他见面。

❷ 后面的动词可以使用现在时态和过去时态，但是使用将来时态时，句义上会比较别扭。
- 친구를 만나**려고** 커피숍에 **가**요. (√)
  我去咖啡店见朋友。
- 친구를 만나**려고** 커피숍에 **갔**어요. (√)
  我去咖啡店见朋友了。
- 친구를 만나려고 커피숍에 갈 거예요. (×)

❸ 不能与“-(으)ㅂ시다”“-(으)세요”连用。
- 밥을 먹으려고 식당에 갑시다. (×)
- 밥을 먹으려고 식당에 가세요. (×)

练习

下图中的这些人为什么学习韩国语？请仿照例子完成下面的句子。

보기 **한국 대학교에 입학하려고** 한국말을 배워요.

(1) ______________________ 한국말을 배워요.

(2) ______________________ 한국말을 배워요.

(3) ______________________ 한국말을 배워요.

(4) ______________________ 한국말을 배워요.

(5) ______________________ 한국말을 배워요.

03 V-(으)려고 하다

扫码获取音频与答案

157

여름휴가 때 여행을 **하려고 해요**.
暑假时，我想去旅游。

결혼하면 아이를 두 명 **낳으려고 해요**.
结婚后（我）想要两个孩子。

방학 동안 운전을 **배우려고 했어요**.
그런데 팔을 다쳐서 못 배웠어요.
我原本打算假期学开车，
可是胳膊受伤了，没学成。

语法解析

表示主语有做某事的意图或计划，只是还没有付诸行动，相当于“计划……”或者“想……”。当动词词干以元音或“ㄹ”结尾时，用“-려고 하다”；以其他辅音结尾时，用“-으려고 하다”。“-(으)려고 했다”是“-(으)려고 하다”的过去时态，表示虽然计划了做某事，但是计划并没有实现。

动词词干以元音或“ㄹ”结尾	动词词干以其他辅音结尾
가다 + **-려고 하다** → 가려고 하다	먹다 + **-으려고 하다** → 먹으려고 하다

原形	-려고 해요	原形	-으려고 해요
보다	보려고 해요	받다	받으려고 해요
사다	사려고 해요	씻다	씻으려고 해요
만나다	만나려고 해요	*듣다	들으려고 해요
취직하다	취직하려고 해요	*묻다	물으려고 해요
*놀다	놀려고 해요	*돕다	도우려고 해요

* 不规则变化。

对话

(158)

A 보너스를 받으면 뭐 할 거예요?
B 새 차를 사려고 해요.

A 拿到奖金后，你打算干什么？
B 我想买辆新车。

A 대학교를 졸업하면 무엇을 할 거예요?
B 대학원에서 공부를 더 하려고 해요.
A 저는 회사에 취직하려고 해요.

A 大学毕业后，你打算干什么？
B 我想读研究生，继续学习。
A 我想进入公司工作。

练习

卡罗尔计划假期去旅游，请根据她旅行箱里的东西，仿照例子，写出你认为她旅游期间计划做的事情。

보기 호주에 가려고 해요.

(1) 어머니께 엽서를_____________________.

(2) 비행기 안에서 한국어를_____________________.

(3) 비행기 안에서 음악을_____________________.

(4) 호주에 있는 친구에게 선물을_____________________.

(5) 호주에서 골프를_____________________.

(6) 호주에서 사진을_____________________.

(7) 바다에서 수영을_____________________.

04 N을/를 위해(서), V-기 위해(서)

扫码获取音频与答案

159

건강**을 위해서** 매일 비타민을 먹고 있습니다.
为了保持健康，我每天吃都维生素。

군인은 나라**를 위해서** 일하는 사람입니다.
军人是为国家工作的人。

훌륭한 스케이트 선수가 **되기 위해** 열심히 연습을 합니다.
为了成为一名优秀的滑冰运动员，我努力训练。

语法解析

表示前句是做后句动作的目的，相当于“为了……”。当前面是名词时，用“을 / 를 위해서”。“위해서”是“위하여서”的缩略语，有时也可以省略“서”，只使用“위해”。当前面是动词时，要在动词词干后接“-기 위해서”。

名词 + 을 / 를 위해서		动词词干 + -기 위해서
以元音结尾的名词	以辅音结尾的名词	
나라 + **를 위해서** → 나라를 위해서	가족 + **을 위해서** → 가족을 위해서	가다 + **-기 위해서** → 가기 위해서

名词 을 / 를 위해서	原形	动词-기 위해서
나라를 위해서	보다	보기 위해서
회사를 위해서	만나다	만나기 위해서
친구를 위해서	받다	받기 위해서
사랑을 위해서	입학하다	입학하기 위해서
남편을 위해서	벌다	벌기 위해서
건강을 위해서	듣다	듣기 위해서
가족을 위해서	돕다	돕기 위해서

"-기 위해서"不与形容词搭配，但是当形容词词干后加上"-아/어지다"变为动词后，就可以与"-기 위해서"搭配。

- 我为了健身而运动。

  건강하기 위해서 운동을 합니다. (×)

  건강**해지**기 위해서 운동을 합니다. (√)

对话

160

A 잘 부탁드립니다.
신입사원 이민우입니다.
B 반갑습니다. 회사를 위해서 열심히 일해 주십시오.

A 请多多关照，
我是新员工李民宇。
B 见到你很高兴，
希望你能为公司努力工作。

A 가족을 위해서 무엇을 하세요?
B 저는 가족을 위해서 매일 기도하고 있어요.

A 你为家人做了什么？
B 我每天为家人祈祷。

A 아파트 산 것을 축하합니다.
B 감사합니다. 이 집을 사기 위해서 우리 부부가 열심히 돈을 모았어요.

A 祝贺你买了新房子！
B 谢谢，为了买房，我们夫妇二人很努力地攒钱呢。

● 它们有什么区别？

-(으)려고

不能与"-아/어야 해요" "-(으)ㅂ시다" "-(으)세요" "-(으)ㄹ까요?"连用。

- 我为了考上大学而努力学习。

  대학교에 입학하**려고** 열심히 공부했**어요**. (√)

  대학교에 입학하려고 열심히 공부해야 해요. (×)

  대학교에 입학하려고 열심히 공부합시다. (×)

  대학교에 입학하려고 열심히 공부하세요. (×)

-기 위해서

可以与"-아/어야 해요" "-(으)ㅂ시다" "-(으)세요" "-(으)ㄹ까요?"连用。

- 대학교에 입학하**기 위해서** 열심히 공부했**어요**. (√) 我为了考上大学而努力学习。
- 대학교에 입학하**기 위해서** 열심히 공부**해야 해요**. (√) 为了考上大学，我必须得努力学习。
- 대학교에 입학하**기 위해서** 열심히 공부**합시다**. (√) 让我们为了考上大学而努力学习吧。
- 대학교에 입학하**기 위해서** 열심히 공부하**세요**. (√) 为了考上大学，请努力学习。

练习

看图并从方框中选择合适的单词用“을/를 위해(서)”或“-기 위해(서)”完成下列句子。

보기	건강	당신	만나다	취직하다

(1)

A 매일 아침에 조깅을 해요?

B 네, 저는＿＿＿＿＿＿＿＿매일 아침에 조깅을 해요.

(2)

A 와, 맛있겠어요. 무슨 날이에요?

B 오늘이 당신 생일이라서＿＿＿＿＿＿내가 만들었어요.

(3)

A 왜 한국말을 배워요?

B 한국 회사에＿＿＿＿＿＿＿＿한국말을 배워요.

(4)

A 왜 한국에 왔어요?

B 한국 친구를＿＿＿＿＿＿＿＿왔어요.

05 V-기로 하다

扫码获取音频与答案

161

건강 때문에 올해부터 담배를 **끊기로 했어요.**
出于健康原因，我决定从今年开始戒烟。

주말에 친구하고 같이 **등산하기로 했어요.**
我决定周末跟朋友一起去爬山。

우리는 3년 후에 **결혼하기로 했습니다.**
我们决定三年后结婚。

语法解析

1 表示与别人约定某事，通常在动词词干后接“-기로 했다”。

A 정아 씨, 사랑해요. 우리 내년에 결혼합시다. 静雅，我爱你，我们明年结婚吧。

B 좋아요. 내년에 결혼해요. 好的，我们明年结婚。

정아 씨와 나는 서로 사랑하고 있어요. 우리는 내년에 결혼하**기로 했어요.**

静雅和我彼此相爱，我们决定明年结婚。

2 表示自己与自己的约定，即表示自己的决心、决定，也是在动词词干后接“-기로 했다”。

- 나는 올해부터 매일 운동하**기로 했어요.**

  我决定从今年开始每天运动。

가다 + **-기로 했다** → 가기로 했어요　　먹다 + **-기로 했다** → 먹기로 했어요

原形	-기로 했어요	原形	-기로 했어요
만나다	만나기로 했어요	입다	입기로 했어요
공부하다	공부하기로 했어요	찍다	찍기로 했어요
놀다	놀기로 했어요	듣다	듣기로 했어요
살다	살기로 했어요	돕다	돕기로 했어요

对话

162

A 재준 씨, 오늘 왜 이렇게 기분이 좋아요?
B 이번 주말에 캐럴 씨와 데이트하기로 했어요.

A 才俊，你今天怎么心情这么好?
B 我决定这个周末和凯莉约会。

A 내일 등산 갈 때 누가 카메라를 가져와요?
B 부디 씨가 가져오기로 했어요.

A 明天爬山，谁带相机?
B 布迪带。

A 새해에 무슨 계획이 있어요?
B 새해에는 자기 전에 꼭 일기를 쓰기로 했어요.

A 你新年有什么计划?
B 我决定每天睡觉之前写日记。

小贴士

"-기로 하다"主要以"-기로 했어요/했습니다"的过去时态出现，但是有时也可以使用现在时态"-기로 해요"，这时表示说话人和听话人约定做某事。

A 내일 뭐 할까요? 我们明天干什么呢?
B 등산하기로 해요. = 등산하기로 합시다. 我们去爬山吧。

练习

下图中的人们在新年都有什么计划？请看图并从方框中选择合适的单词用“-기로 하다”完成句子。

보기	공부하다	끊다	배우다	사다	하지 않다

(1) 이민우 씨는 새해에 차를＿＿＿＿＿＿＿＿＿＿.

(2) 부디 씨는 술을＿＿＿＿＿＿＿＿＿＿.

(3) 캐럴 씨는 태권도를＿＿＿＿＿＿＿＿＿＿.

(4) 왕징 씨는 열심히＿＿＿＿＿＿＿＿＿＿.

(5) 티루엔 씨는 컴퓨터 게임을＿＿＿＿＿＿＿＿＿＿.

单元 16

条件与假设

01 A/V-(으)면

02 V-(으)려면

03 A/V-아/어도

01 A/V-(으)면

扫码获取音频与答案

163

컴퓨터를 많이 **하면** 눈이 아파요.
如果看电脑（屏幕的）时间太长，眼睛就会疼。

나는 기분이 **좋으면** 춤을 춰요.
我心情好的时候就会跳舞。

돈을 많이 **벌면** 집을 살 거예요.
如果赚了大钱，我就买一幢房子。

语法解析

表示描述后句中出现的一般性的或重复发生的事件的条件，也可用于表达某些不确定的或还未实现的事，相当于“如果……”。当表示假定时，可以与“혹시”“만일”等副词一起使用。当词干以元音或“ㄹ”结尾时，用“-면”；以其他辅音结尾时，用“-으면”。

词干以元音或“ㄹ”结尾	词干以其他辅音结尾
가다 + **-면** → 가면	먹다 + **-으면** → 먹으면

原形	-면	原形	-으면
바쁘다	바쁘면	받다	받으면
만나다	만나면	있다	있으면
졸업하다	졸업하면	*듣다	들으면
*살다	살면	*덥다	더우면
*만들다	만들면	*낫다	나으면

* 不规则变化。

“-(으)면”前面的内容不能是过去的事情。如果某种行为只发生一次，要用“-(으)ㄹ 때”。

- 昨天看电影的时候，我哭了。

  어제 영화를 보면 울었어요. (×)

  어제 영화를 **볼 때** 울었어요. (√)

- 弟弟不在家的时候，朋友来了。

  동생이 집에 없으면 친구가 왔어요. (×)

  동생이 집에 없**을 때** 친구가 왔어요. (√)

对话

164

A 주말에 보통 뭐 해요?

B 날씨가 좋으면 등산을 해요. 그렇지만 비나 눈이 오면 집에서 텔레비전을 봐요.

A 你周末一般干什么？

B 如果天气好，我就去爬山；但是如果下雨或下雪，我就在家里看电视。

A 다음 주에 고향에 돌아가요.

B 그래요? 섭섭해요. 고향에 돌아가면 연락하세요.

A 我下周回老家。

B 是吗？真是舍不得。回去后，跟我联系呀。

A 결혼하면 어디에서 살 거예요?

B 회사 근처 아파트에서 살려고 해요.

A 结婚后，你打算住在哪里？

B 我想住在公司附近的公寓里。

小贴士

当前句主语和后句主语不同时，前句主语后不能用“은/는”，而要用“이/가”。

- 如果是弟弟讲故事，那么他的朋友们就会笑。

  동생은 이야기하면 친구들이 웃어요. (×)

  동생이 이야기하면 **친구들이** 웃어요. (√)

- 如果蒂鲁恩不来公司，办公室就会很安静。

  티루엔 씨는 회사에 안 오면 사무실이 조용해요. (×)

  티루엔 씨가 회사에 안 오면 **사무실이** 조용해요. (√)

练习

连线并从方框中选择合适的单词用“-(으)면”完成下列句子。

보기	가다　　먹다　　오지 않다　　출발하다

(1)  ● ● ⓐ 

(2)  ● ● ⓑ 

(3)  ● ● ⓒ 

(4) 

● ● ⓓ 

(1) 아이스크림을 많이____________________살이 쪄요.

(2) 지금____________________3시에 도착할 수 있어요.

(3) 밤에 잠이____________________텔레비전을 봐요.

(4) 동대문 시장에____________________옷이 싸요.

02 V-(으)려면

扫码获取音频与答案

165

농구를 **잘하려면** 점프를 잘해야 돼요.
如果你想打好篮球，那么就得跳得高。

동대문에 **가려면** 지하철 4호선을 타세요.
如果你想去东大门，就要坐地铁4号线。

이 선생님을 **만나려면** 월요일에 학교로 가세요.
如果你想见李老师，就星期一去学校吧。

语法解析

"-(으)려면"是"-(으)려고 하면"的缩略语，主要与动词一起使用，表示如果想做前句动作，需要以后句动作为前提，相当于"如果想……"。后句常用"-아/어야 해요/돼요""-(으)면 돼요""-(으)세요""이/가 필요해요""-는 게 좋아요"等。当动词词干以元音或"ㄹ"结尾时，用"-려면"；以其他辅音结尾时，用"-으려면"。

动词词干以元音或"ㄹ"结尾	动词词干以其他辅音结尾
가다 + -려면 → 가려면	먹다 + -으려면 → 먹으려면

原形	-려면	原形	-으려면
만나다	만나려면	받다	받으려면
취직하다	취직하려면	끊다	끊으려면
부르다	부르려면	*듣다	들으려면
*살다	살려면	*돕다	도우려면

* 不规则变化。

对话

166

A 한국말을 잘하고 싶어요.
B 한국말을 잘하려면 매일 한국말로만 이야기하세요.

A 我想说好韩国语。
B 如果想说好韩国语，就每天只说韩国语吧。

A 펜을 자주 잃어버려요.
B 잃어버리지 않으려면 펜에 이름을 쓰세요.

A 我经常丢笔。
B 如果不想丢，就在笔上写上名字吧。

A 사장님, 이 회사에서 일하고 싶습니다.
B 우리 회사에서 일하려면 한국말도 잘하고 컴퓨터도 잘해야 합니다.

A 社长，我想在贵公司工作。
B 如果想在我们公司工作，不但韩国语要说得好，而且电脑操作也要熟练。

练习

看图连线。

（1）  ● ● ⓐ 이 문을 열려면 비밀번호를 알아야 해요.

（2）  ● ● ⓑ 감기에 걸리지 않으려면 코트를 입으세요.

（3）  ● ● ⓒ 공주와 결혼하려면 금사과를 가져와야 해요.

（4）  ● ● ⓓ 식사하시려면 예약을 하셔야 합니다.

03 A/V-아/어도

扫码获取音频与答案

167

크게 **말해도** 할머니가 못 들어요.
即使大声说，奶奶也听不见。

이 옷이 마음에 들어요. **비싸도** 사고 싶어요.
我喜欢这件衣服，即使贵也要买。

뉴스를 **들어도** 이해하지 못해요.
这新闻即使听了，我也听不懂。

语法解析

表示后句内容与前句内容无关，相当于“即使”或者“即便”。当词干最后一个元音是“ㅏ”或“ㅗ”时，用“-아도”；是“ㅏ、ㅗ”之外的其他元音时，用“-어도”；以“하다”结尾的词要变为“해도”。

词干最后一个元音为“ㅏ”或“ㅗ”	词干最后一个元音为“ㅏ”和“ㅗ”之外的其他元音	以“하다”结尾的词
가다 + **-아도** → 가도	먹다 + **-어도** → 먹어도	피곤하다 → 피곤해도

原形	-아/어도	原形	-아/어도
보다	봐도	켜다	켜도
찾다	찾아도	씻다	씻어도
닦다	닦아도	*듣다	들어도
공부하다	공부해도	*맵다	매워도
*바쁘다	바빠도	*부르다	불러도

* 不规则变化。

对话

168

A 3시까지 명동에 가야 해요. 택시를 탑시다.
B 지금 2시 50분이에요. 택시를 타도
3시까지 못 가요.

A 3点之前要到明洞，我们打车吧。
B 现在已经2点50分了，即使打车，
3点之前也到不了。

A 요즘 바빠서 아침을 못 먹어요.
B 바빠도 아침 식사를 꼭 해야 해요.
아침 식사를 안 하면 건강에 안 좋아요.

A 我最近忙得都没时间吃早饭。
B 即使忙也一定要吃早饭，
不吃早饭对身体不好。

小贴士

可以在"-아/어도"前面增加意为"无论如何"的"아무리"表示强调。

• 나는 바빠도 아침을 꼭 먹어요. →나는 **아무리** 바빠도 아침을 꼭 먹어요.
我即使忙也会吃早饭。→ 我即使再忙也要吃早饭。
• 그 옷이 비싸도 살 거예요. →그 옷이 **아무리** 비싸도 꼭 살 거예요.
那件衣服即使贵，我也要买。→ 那件衣服不论多贵，我都一定要买。

练习

看图并从方框中选择合适的单词用"-아/어도"完成下列句子。

보기	먹다	반대하다	보내다

（1）

A 감기 다 나았어요?
B 아니요, 약을_______________안 나아요.

（2）

A 두 사람이 정말 결혼할 거예요?
B 네, 부모님이_______________꼭 결혼할 거예요.

（3）

A 친구하고 자주 연락해요?
B 아니요, 메일을_______________친구가 답장을 안 해요.

单元 17

推测

1. A/V-겠어요 ②
2. A/V-(으)ㄹ 거예요 ②
3. A/V-(으)ㄹ까요? ③
4. A/V-(으)ㄴ/는/(으)ㄹ 것 같다

01 A/V-겠어요 ②

扫码获取音频与答案

169

와, **맛있겠어요**.
哇，看起来很好吃啊。

저 포스터를 보세요. **재미있겠어요**!
你看那个宣传海报，应该很有意思！

시원하겠어요.
（吃起来）应该很爽。

语法解析

表示根据说话时的情况或状态进行推测，相当于“应该……吧”，通常接在动词和形容词词干后。推测过去的事情时，要在“-겠”前加“-았/었”，变成“-았/었겠어요”。

오다 + **-겠어요** → 오겠어요　　　　덥다 + **-겠어요** → 덥겠어요

原形	-겠어요	原形	-겠어요
보다	보겠어요	좋다	좋겠어요
되다	되겠어요	예쁘다	예쁘겠어요
받다	받겠어요	재미있다	재미있겠어요
찾다	찾겠어요	시원하다	시원하겠어요
일하다	일하겠어요	편하다	편하겠어요

（参考：单元13 意志与计划 01 A/V-겠어요 ①）

对话

(170)

A 이번 주에 제주도로 여행 갈 거예요.
B 와, 좋겠어요. 저도 가고 싶어요.

A 我这周要去济州岛旅游。
B 哇，真好，我也想去。

A 요즘 퇴근하고 매일 영어를 배워요.
B 매일이요? 힘들겠어요.

A 我最近每天下班后都去学英语。
B 每天？应该很累吧。

A 이게 요즘 제가 배우는 한국어 책이에요.
B 어렵겠어요.

A 这是我最近正在学的韩国语课本。
B 应该很难吧。

练习

从下列方框中选择合适的单词并用“-겠어요”完成下列句子。

보기			
	기분이 좋다	바쁘다	일본요리를 잘하다
	배가 고프다	피곤하다	한국말을 잘하다

(1) A 어제 일이 많아서 잠을 못 잤어요.
B 그래요? ____________________.

(2) A 저는 한국에서 5년 살았어요.
B 그럼 ____________________.

(3) A 어제 집에 손님들이 오셔서 음식을 많이 만들었어요.
B 어제 많이 ____________________.

(4) A 이번 시험에서 1등을 했어요.
B ____________________.

(5) A 저는 학원에서 1년 동안 일본요리를 배웠어요.
B 그래요? 그럼 ____________________.

(6) A 오늘 하루 종일 밥을 못 먹었어요.
B ____________________.

02 A/V-(으)ㄹ 거예요 ②

扫码获取音频与答案

171

그 옷을 입으면 **더울 거예요**.
穿那件衣服会热的。

하영 씨에게는 보라색 티셔츠가 잘 **어울릴 거예요**.
我觉得紫色T恤衫会很适合夏英。

7시니까 댄 씨는 벌써 **퇴근했을 거예요**.
7点了，戴恩应该已经下班了。

语法解析

表示说话人以自己看到、听到或经历的某种事实为依据进行推测，相当于“会……”或“将……”。形容词和动词词干若以元音或“ㄹ”结尾，后面要接“-ㄹ 거예요”；若以其他辅音结尾，后面要接“-을 거예요”。对过去的事情表示推测，要在“-(으)ㄹ거예요”前面加“-았/었”，变成“-았/었을 거예요”。

词干以元音或“ㄹ”结尾	词干以其他辅音结尾
사다 + **-ㄹ 거예요** → 살 거예요	먹다 + **-을 거예요** → 먹을 거예요

原形	-ㄹ 거예요	原形	-을 거예요
바쁘다	바쁠 거예요	입다	입을 거예요
시원하다	시원할 거예요	많다	많을 거예요
*만들다	만들 거예요	*가깝다	가까울 거예요
*길다	길 거예요	*덥다	더울 거예요

* 不规则变化。

表示推测的“-을 거예요”不能用于疑问句，疑问句中通常使用“-(으)ㄹ까요？”。

A 내가 이 옷을 입으면 멋있을까요? / 이 옷을 입으면 멋있을 거예요? (×)
我穿这件衣服会好看吗?

B 네, 멋있을 거예요.
会好看的。

（参考：单元1 时态 04 V-(으)ㄹ거예요 ①）

对话

172

A 여기에서 학교까지 버스가 있어요?
B 네, 그렇지만 자주 안 와서 지하철이 더 편할 거예요.

A 有从这里到学校的公交车吗?
B 有，但是车比较少，所以地铁会更方便。

A 댄 씨에게 블루투스 스피커를 주면 좋아할까요?
B 매일 음악을 들으면서 다니니까 좋아할 거예요.

A 如果送给戴恩蓝牙音箱，他会喜欢吗?
B 他每天都听音乐，应该会喜欢的。

A 요코 씨가 결혼했어요?
B 왼손에 반지를 끼었으니까 결혼했을 거예요.

A 洋子结婚了吗?
B 她的左手上戴着戒指，应该结婚了吧。

练习

从下列方框中选择合适的单词并用“-(으)ㄹ 거예요”完成句子。

보기	가다	걸리다	문을 닫다	바쁘다	예쁘다	오다	알다	자다

(1) A 민우 씨가 오늘 파티에 와요?
B 출장 준비를 해야 하니까 아마 못 ________________.

(2) A 햄버거를 먹고 싶어요. 햄버거 가게가 문을 열었을까요?
B 지금 밤 11시니까 ________________________.

(3) A 미국에 가려고 하는데 어디가 좋아요?
B 댄 씨 고향이 미국이니까 잘 ________________. 댄 씨에게 물어 보세요.

(4) A 티루엔 씨가 왜 회의에 안 왔어요?

B 몸이 안 좋아서 일찍 집에__________________________.

(5) A 어제 캐럴 씨가 전화를 안 받았어요.

B 어제 일이 많아서________________________.

(6) A 부디 씨가 아침부터 계속 졸고 있어요.

B 어제 일이 많아서 늦게______________________.

(7) A 거기까지 시간이 많이 걸릴까요?

B 지금 퇴근 시간이니까 시간이 좀______________________.

(8) A 내일 돌잔치에 무슨 옷을 입고 갈까요?

B 한복을 입으면_______________________.

03 A/V-(으)ㄹ까요? ③

扫码获取音频与答案

173

주말에 날씨가 **더울까요**?
周末会热吗?

캐럴 씨가 오늘 **나올까요**?
卡罗尔今天会来吗?

댄 씨가 이 책을 **읽었을까요**?
戴恩是不是已经看过这本书了呢?

语法解析

表示对尚未出现的状态或行为进行推测并提问，相当于“会……吗?”或者“是不是……?”。回答时通常用“-(으)ㄹ 거예요”“-(으)ㄴ / 는 것 같아요”。当形容词和动词词干以元音或“ㄹ”结尾时，后面接“-ㄹ까요?”；以其他辅音结尾时，后面接“-을까요?”。推测过去的事情时，要在“-(으)ㄹ까요?”前加上“-았 / 었”，变为“-았 / 었을까요?”。

词干以元音或“ㄹ”结尾	词干以其他辅音结尾
가다 + **-ㄹ까요?** → 갈까요?	먹다 + **-을까요?** → 먹을까요?

原形	-ㄹ까요?	原形	-을까요?
예쁘다	예쁠까요?	괜찮다	괜찮을까요?
친절하다	친절할까요?	*듣다	들을까요?
*살다	살까요?	*춥다	추울까요?

* 不规则变化。

（参考：单元12 征求意见与提出建议 01 V-(으)ㄹ까요? ①, 02 V-(으)ㄹ까요? ②）

对话

174

A 요즘 꽃이 비쌀까요?
B 졸업식 때니까 비쌀 거예요.

A 이번에 누가 승진을 할까요?
B 댄 씨가 일을 잘하니까 이번에 승진할 거예요.

A 지금 가면 길이 막힐까요?
B 아니요, 이 시간에는 길이 안 막혀요.

A 最近鲜花是不是比较贵呢?
B 现在是毕业季，应该很贵。

A 这次谁会升职呢?
B 戴恩工作很努力，这次他应该会升职。

A 如果我们现在过去，路上会不会很堵呢?
B 不会的，这个时间路上不堵。

练习

从下列方框中选择合适的单词并用“-(으)ㄹ까요?”完成句子。

보기	도착하다	돈이 많다	돌아오다	막히다	바쁘다

(1) A 웨슬리 씨가______________?
B 네, 아버지가 부자니까 웨슬리 씨도 돈이 많을 거예요.

(2) A 버스를 타면______________?
B 지금 퇴근 시간이니까 지금 버스를 타면 막힐 거예요.

(3) A 나탈리아 씨가 집에______________?
B 1시간 전에 출발했으니까 지금쯤 도착했을 거예요.

(4) A 김 과장님이______________?
B 요즘 연말이라서 바쁘실 거예요.

(5) A 선생님이 몇 시쯤______________?
B 2시쯤 돌아오실 거예요.

04 A/V-(으)ㄴ/는/(으)ㄹ 것 같다

扫码获取音频与答案

175

어제 비가 온 것 같아요.
昨天好像下雨了。

지금 비가 오는 것 같아요.
外边好像正在下雨。

비가 올 것 같아요.
好像要下雨了。

语法解析

1 表示根据各种情况推测过去已经发生的事情或者对尚未出现的状态或行为进行推测，相当于“好像……”。形容词现在时态和动词过去时态用“-(으)ㄴ”，动词现在时态用“-는”，动词和形容词将来时态用“-(으)ㄹ”。

A 댄 씨, 오늘 기분이 좋**은 것 같**아요. 무슨 좋은 일 있어요?
戴恩，你今天好像心情不错，有什么好事呀？

B 네, 어제 아내가 딸을 낳았어요.
昨天妻子生了个女儿。

2 当说话人把自己的想法或意见委婉地表达出来时，也可以使用，这时会让听话人感到说话人语气比较柔和且有礼貌。

A 음식 맛이 어때요? 饭菜味道怎么样？

B 좀 **짠 것 같**아요. 好像有点儿咸。

形容词现在时态		动词过去时态		动词现在时态	动词将来时态	
词干以元音结尾	词干以辅音结尾	词干以元音结尾	词干以辅音结尾		词干以元音结尾	词干以辅音结尾
-ㄴ 것 같다	-은 것 같다	-ㄴ 것 같다	-은 것 같다	-는 것 같다	-ㄹ 것 같다	-을 것 같다
바쁜 것 같다	많은 것 같다	간 것 같다	먹은 것 같다	가는 것 같다 먹는 것 같다	갈 것 같다	먹을 것 같다

	原形	过去时态	现在时态	将来时态
形容词	예쁘다	-	예쁜 것 같다	예쁠 것 같다
	작다	-	작은 것 같다	작을 것 같다
	친절하다	-	친절한 것 같다	친절할 것 같다
	학생이다	-	학생인 것 같다	학생일 것 같다
	*춥다	-	추운 것 같다	추울 것 같다
动词	가다	간 것 같다	가는 것 같다	갈 것 같다
	찾다	찾은 것 같다	찾는 것 같다	찾을 것 같다
	결혼하다	결혼한 것 같다	결혼하는 것 같다	결혼할 것 같다
	*만들다	만든 것 같다	만드는 것 같다	만들 것 같다
	*듣다	들은 것 같다	듣는 것 같다	들을 것 같다

* 不规则变化。

对话

176

A 일주일이 빨리 가는 것 같아요.
B 정말 그래요. 벌써 금요일이에요.

A 这周好像过得挺快的。
B 是啊，（今天）都已经星期五了。

A 그 식당 주인이 친절한 것 같아요.
B 네, 항상 밥도 많이 주고 서비스도 좋아요.

A 那家餐厅的老板好像很亲切。
B 是的，饭量给得很足，而且服务也很好。

A 더 드세요.
B 죄송해요. 배가 불러서 더 못 먹을 거 같아요.

A 再吃点儿吧。
B 不好意思，我吃饱了，不能再吃了。

小贴士

当推测是基于直接且确切的根据时，要用“-(으)ㄴ 것 같다”；当根据不够直接或充分时，要用“-(으)ㄹ 것 같다”。

- 오늘 날씨가 더**운** 것 같아요. 今天天气很热。
  当看到了人们热的样子或者自己亲身感受到天气很热后进行的推测。
- 오늘 날씨가 더**울** 것 같아요. 今天天气好像会很热。
  因为昨天天气热，因此感觉今天也会热，是一种不确切的、模糊的推测。

● 它们有什么区别?

-겠어요

没有根据或理由，对某事直接且瞬间的推测。

A 이 식당의 음식이 맛있을까요?
这家餐厅的菜好吃吗?

B 맛있겠어요. (×)

A 제가 만들었어요. 맛있게 드세요.
这是我做的（菜），请慢用。

B (맛있어 보이는 음식을 보는 순간) 와, 정말 맛있**겠어요**.
（看到看起来很好吃的食物的那一瞬间）哇，应该很好吃吧。

-(으)ㄹ 거예요

有根据的推测，这时只有说话人掌握了推测的根据。

A 이 식당의 음식이 맛있을까요?
这家餐厅的菜好吃吗?

B 이 식당은 손님이 많으니까 음식이 맛있**을 거예요**.
这家餐厅客人很多，应该好吃。

-(으)ㄴ/는/(으)ㄹ 것 같다

一种直观且主观的推测，有没有根据或理由都可以使用。

A 이 식당의 음식이 맛있을까요?
这家餐厅的菜好吃吗?

B ① (잘 모르겠지만 제 생각에는)맛있**을 것 같아요**.
（虽然我不太清楚，但是我觉得）可能会很好吃。

B ② 사람이 많은 것을 보니까 맛있**을 것 같아요**.
这里人很多，看样子很好吃。

可以表示用一种委婉的语气陈述某件事。

A 다음 주 제 생일 파티에 올 수 있어요?
你下周能来参加我的生日聚会吗?

B 가고 싶지만 다음 주에 출장이 있어서 못 **갈 것 같**아요. 죄송해요.
虽然很想去，但是下周我要出差，所以可能去不了，不好意思。

练习

看图并从下列方框中选择合适的单词用“-(으)ㄴ/는/(으)ㄹ 것 같다”完成句子。

보기	맑다	가족이다	자다	하다

(1) A 세 사람은 어떤 관계일까요?

B ______________________.

(2) A 강아지는 목욕을 했을까요?

B ______________________.

(3) A 오늘 날씨가 어떤 것 같아요?

B ______________________.

(4) A 강아지는 목욕이 끝난 후에 무엇을 할까요?

B ______________________.

单元 18

词类变化

01 冠词形 -(으)ㄴ/는/(으)ㄹ N

02 A/V-기

03 A-게

04 A-아/어하다

01 冠词形 -(으)ㄴ/는/(으)ㄹ N

扫码获取音频与答案

177

가방이 예뻐요. 그 가방을 사고 싶어요.
这个包很漂亮，我想买。

→**예쁜** 가방을 사고 싶어요.
我想买这个漂亮的包。

소파에서 사람이 자요. 그 사람이 누구예요?
有人在沙发上睡觉，他是谁？

→소파에서 **자는** 사람이 누구예요?
在沙发上睡觉的人是谁？

오늘 저녁에 한국 음식을 먹을 거예요.
그 음식이 뭐예요?
今天晚上我们去吃韩餐，吃什么呢？

→오늘 저녁에 **먹을** 한국 음식이 뭐예요?
今天晚上吃什么韩餐？

语法解析

主要接在动词或形容词词干之后，用于修饰名词，相当于“……的”。形容词现在时态和动词过去时态用“-(으)ㄴ”，动词现在时态用“-는”，动词将来时态用“-(으)ㄹ”。形容词否定形后用“-지 않은”，动词否定形后用“-지 않는”。

形容词现在时态		动词过去时态		动词现在时态 있다 / 없다	动词将来时态	
词干以元音结尾	词干以辅音结尾	词干以元音结尾	词干以辅音结尾		词干以元音结尾	词干以辅音结尾
-ㄴ	-은	-ㄴ	-은	-는	-ㄹ	-을
예쁜 날씬한	높은 낮은	간 본	읽은 먹은	가는 읽는 있는 없는	갈 볼	읽을 먹을

原形	过去时态	现在时态	将来时态
넓다 친절하다	- -	넓은 방 친절한 사람	- -
읽다	읽은 책	읽는 책	읽을 책
먹다	먹은 빵	먹는 빵	먹을 빵
공부하다	공부한 사람	공부하는 사람	공부할 사람
*만들다	만든 요리	만드는 요리	만들 요리
*듣다	들은 음악	듣는 음악	들을 음악

* 不规则变化。

对话

178

A 어떤 영화를 좋아해요?
B 재미있는 영화를 좋아해요.

A 你喜欢什么电影?
B 我喜欢有意思的电影。

A 지금 커피를 마시는 사람이 누구예요?
B 제 친구예요.

A 现在在喝咖啡的那个人是谁?
B 是我朋友。

A 어제 간 식당이 어땠어요?
B 친절한 서비스 때문에 기분이 좋았어요.

A 昨天去的那家餐厅怎么样?
B 服务员很亲切，让人心情愉悦。

A 주말에 왜 못 만나요?
B 할 일이 너무 많아서 못 만나요.

A 周末为什么不能见面?
B 要做的事情太多了，所以见不了。

小贴士

如果出现了两个以上的形容词，只把最后一个形容词变为冠词形即可。

• 착해요. 그리고 예뻐요. 그런 여자를 좋아해요. 善良并且漂亮，我喜欢那样的女孩。

  我喜欢善良、漂亮的女孩。

  착한 예쁜 여자를 좋아해요. (×)

  착하고 예쁜 여자를 좋아해요. (√)

一般来说，冠词形的时态和句子时态是一致的，但也有不一致的时候。此时，要以句子场景为标准，确定动词或形容词时态。如果在句子场景中，动作已经发生，要用过去时态；动作或状态正在发生，要用现在时态；动作或状态还没有发生，要用将来时态。

• 나는 아버지가 야단치는 것을 보고 당황이 되었다.

  看到爸爸生气的样子，我有些慌张。

  句子时态是过去时，但在句子描述的场景中，爸爸“正在”生气，因而，即便句子的时态是过去时，“야단치다”也要与表示现在时态的“-는”搭配。

练习

1 看图并用“-(으)ㄴ/는/(으)ㄹ”完成下列句子。

(1) 

A 어떤 음식을 먹고 싶어요?

B ______________________________.

(맵다, 뜨겁다)

(2) 

A 내일 영화 봐요? 무슨 영화를 볼 거예요?

B 내일______________________________.

(보다, 해리포터)

2 阅读下列短文并用“-(으)ㄴ/는/(으)ㄹ”填空。

> 어제는 날씨가 아주 보기 **추웠어요**. 저는 학교 앞에서 친구를 만났어요. 배가 고파서 친구와 같이 식당에 갔어요. 저는 김치찌개를 먹었어요. 김치찌개는 아주 (1) 매웠어요. 친구는 불고기를 먹었어요. 불고기는 맛있고 (2) 맵지 않았어요. 밥을 먹고 친구와 영화를 봤어요. 그 영화는 정말 (3) 재미있었어요. 영화를 보고 친구하고 커피숍에 갔어요. 저와 친구는 커피를 마셨어요. 커피가 아주 (4) 맛있었어요. 친구와 이야기를 많이 하고 집에 왔어요. 내일은 친구와 월드컵 경기장에 (5) 갈 거예요.

> 어제는 아주 보기 **추운** 날씨였어요. 저는 학교 앞에서 친구를 만났어요. 배가 고파서 친구와 같이 식당에 갔어요. 저는 아주 (1) ____________ 김치찌개를 먹었어요. 친구는 맛있고 (2) ____________ 불고기를 먹었어요. 밥을 먹고 친구와 정말 (3) ____________ 영화를 봤어요. 영화를 보고 친구하고 커피숍에 갔어요. 저와 친구는 (4) ____________ 커피를 마셨어요. 친구와 이야기를 많이 하고 집에 왔어요. 내일 친구와 (5) ____________ 곳은 월드컵 경기장이에요.

02 A/V-기

扫码获取音频与答案

179

한국말을 **공부하기**가 어려워요.
韩国语学起来很难。

제 취미는 **요리하기**예요.
我喜欢烹饪。

다리가 아파서 **걷기**가 힘들어요.
我腿疼，所以走起来很吃力。

语法解析

接在动词或形容词词干后，使之变为名词，在句子中可以做主语或宾语等多种句子成分。

1 可以使单个词变为名词。

말하다 → 말하기 说 讲话	크다 → 크기 大 尺寸	세다 → 세기 强壮 力气
듣다 → 듣기 听 听力	밝다 → 밝기 亮 亮	뛰다 → 뛰기 跳 跳高
쓰다 → 쓰기 写 写作	굵다 → 굵기 粗 粗	달리다 → 달리기 跑 跑步
읽다 → 읽기 读 阅读	빠르다 → 빠르기 快 快	던지다 → 던지기 扔 扔

2 可以使整个句子变为名词形。

- 집이 멀어서 학교에 오**기**가 힘들어요. 我家离得远，所以上学比较困难。
- 한국 노래 듣**기**를 좋아해요. 我喜欢听韩语歌。
- 혼자 밥 먹**기**를 싫어해요. 我不喜欢一个人吃饭。

달리다 + **-기** → 달리기　　　　받다 + **-기** → 받기

原形	-기	原形	-기
보다	보기	입다	입기
배우다	배우기	살다	살기
만나다	만나기	먹다	먹기
기다리다	기다리기	찾다	찾기

对话

180

A 한국어 공부할 때 뭐가 제일 어려워요?
B 말하기가 제일 어려워요.

A 学韩国语时，什么最难?
B 口语最难。

A 왜 이 옷을 안 사요?
B 그 옷은 입기가 불편해요. 그래서 안 사요.

A 你为什么不买这件衣服?
B 那件衣服穿起来不舒服，所以我不买。

A 우리 버스를 탈까요?
B 아니요, 여기는 버스 타기가 불편해요. 지하철을 탑시다.

A 我们坐公交车怎么样?
B 这里坐公交车不方便，我们还是坐地铁吧。

小贴士

"-기" 可以和一些助词搭配在句子中做主语、宾语、状语等。

- -기(를) 좋아하다/싫어하다
- -기(를) 바라다/원하다
- -기(를) 시작하다/끝내다/그만두다
- -기(가) 쉽다/어렵다/좋다/싫다/나쁘다/재미있다/편하다/불편하다/힘들다
- -기(에) 좋다/나쁘다
- 한국말을 잘하면 한국에서 살**기가 편해요**. 如果韩国语说得好，那么在韩国会很方便。
- 댄 씨, 대학에 꼭 합격하**기를 바라요**. 戴恩，祝你高考成功。
- 이 책은 글씨가 커서 보**기에 좋아요**. 这本书的字大，看起来很方便。

练习

看图并用“-기”完成下列句子。

（1）

A 취미가 뭐예요?

B 제 취미는________________예요.
(우표 모으다)

（2）

A 요리를 자주 하세요?

B 아니요. 저는________________를 싫어해요.
(요리하다)

（3）

A 여보, 일어나세요, 회사에 갈 시간이에요.

B 아, 오늘은 피곤해서________________가 싫어요.
(회사에 가다)

（4）

A 태권도 재미있어요?

B 네, 재미있는데________________가 어려워요.
(배우다)

03 A-게

扫码获取音频与答案

181

머리를 **짧게** 잘랐어요.
我把头发剪短了。

오늘 아침에 **늦게** 일어났어요.
今天早晨起得晚。

크게 읽으세요.
请大声朗读。

语法解析

接于形容词词干后，可以把形容词转变为副词，用于表示句中行为的目的、基准、程度、方式等。

예쁘다 + **-게** → 예쁘게　　　　길다 + **-게** → 길게

原形	-기	原形	-기
크다	크게	가깝다	가깝게
작다	작게	멀다	멀게
쉽다	쉽게	귀엽다	귀엽게
어렵다	어렵게	편하다	편하게
짧다	짧게	깨끗하다	깨끗하게

对话

182

A 여보, 이제 무엇을 할까요?
B 화장실 청소를 해 주세요.
깨끗하게 해 주세요.

A 亲爱的，接下来干什么呢?
B 打扫洗手间吧，
要打扫得干干净净的。

A 넥타이가 아주 멋있어요.
B 고마워요. 세일해서 싸게 샀어요.

A 你的领带很帅。
B 谢谢，我在打折时买的，很便宜。

A 엄마, 오늘 날씨가 추워요?
B 응, 추우니까 따뜻하게 입어.

A 妈妈，今天冷吗?
B 嗯，天气冷，穿暖和点儿。

小贴士

❶ 一般形容词的副词形是在词干后加“-게”，但是“많다”和“이르다”例外：“많이”和“일찍”比“많게”“이르게”更常用。

많다 →많이

A 잘 먹겠습니다. 谢谢您的款待。

B **많이** 드세요. 多吃点儿。

이르다 →일찍

A 늦어서 죄송합니다. 对不起，我来晚了。

B 내일은 **일찍** 오세요. 明天请早点儿来。

❷ 有些形容词变为副词时，既可以加“-게”，也可以变为其他形态。

빠르다 →빠르게/빨리
- 비행기가 **빠르게** 지나가요.
  飞机飞得很快。
- 이쪽으로 **빨리** 오세요.
  快来这边。

적다 →적게/조금
- 소금은 **적게** 넣으세요.
  请少放盐。
- 커피 **조금** 더 드실래요?
  要不要再喝点儿咖啡?

느리다 →느리게/천천히
- 시계가 **느리게** 가요.
  表慢了。
- **천천히** 드세요.
  请慢用。

练习

看图并从下列方框中选择合适的单词用“-게”完成句子。

보기	맛있다	예쁘다	재미있다	행복하다

(1)

A 요즘 어떻게 지내요?

B ________________지내요.

(2)

A ________________드세요.

B 잘 먹겠습니다.

(3)

A 제가 주말에 제주도에 가요.

B 와, 좋겠어요. ________________놀고 오세요.

(4)

A 자, 사진 찍습니다. ________________웃으세요.

B 김~치.

04 A-아/어하다

扫码获取音频与答案

183

아이들이 **배고파해요**.
孩子们饿了。

요즘 아버지가 **피곤해하세요**.
爸爸最近很累。

아이가 **심심해해요**.
孩子感到很无聊。

语法解析

接在部分形容词词干之后，使之变为动词，通常用于主语为第三人称的情况，表示说话人的心理或感觉通过行为或外表表现出来，相当于“看起来……”。当词干最后一个元音为“ㅏ”或“ㅗ”时，用“-아하다”；为“ㅏ”和“ㅗ”之外的其他元音时，用“-어하다”；以“하다”结尾的词要变为“-해하다”。

词干最后一个元音为“ㅏ”或“ㅗ”	词干最后一个元音为“ㅏ”和“ㅗ”之外的其他元音	以“하다”结尾的词
좋다 + **-아하다** → 좋아하다	예쁘다 + **-어하다** → 예뻐하다	미안하다 + **-해하다** → 미안해하다

原形	-아/어하다	原形	-아/어하다
아프다	아파하다	피곤하다	피곤해하다
싫다	싫어하다	*무섭다	무서워하다
*밉다	미워하다	*어렵다	어려워하다
*덥다	더워하다	*즐겁다	즐거워하다

* 不规则变化。

在形容词词干后接“-지 마세요”时，通常要变为“-아 / 어하지 마세요”。

- 不要害怕。

  무서**워하지 마세요**. (√)

  무섭지 마세요. (×)

- 不要感觉难。

  어려**워하지 마세요**. (√)

  어렵지 마세요. (×)

对话

184

A 왜 부디 씨는 롤러코스터를 안 타요?
B 부디 씨는 롤러코스터를 무서워해요.

A 布迪为什么不坐过山车？
B 他害怕过山车。

A 아이들이 이 게임을 좋아해요?
B 네, 재미있어해요.

A 孩子们喜欢这个游戏吗？
B 喜欢，他们觉得很有意思。

小贴士

“예쁘다”“귀엽다”与“-아/어하다”结合后变成“예뻐하다”“귀여워하다”，表示“珍惜、喜欢”。

- 할아버지는 나를 **귀여워하**세요. 爷爷很喜欢我。
- 동생이 강아지를 **예뻐해**요. 弟弟喜欢小狗。

练习

阅读下列短文并圈出合适的单词。

우리 집에는 강아지 한 마리가 있는데 이름은 바비예요. 바비는 아주 (1)  (귀여워요/귀여워해요). 그래서 우리 가족들은 모두 바비를 (2)  (좋아요/좋아해요). 바비는 하루에 두 번 밥을 먹어요. 그런데 밥 먹는 시간이 지나면 아주 (3)  (배고파서/배고파해서) 크게 짖어요. 그래서 밥을 빨리 줘야 해요. 또 겨울에 밖에 나갈 때 바비는 많이 (4)  (추워서/추워해서) 옷이 필요해요. 강아지를 키우기가 조금 힘들지만 바비가 없으면 저는 정말 슬플 거예요.

单元 19

状态

01 V-고 있다 ②
02 V-아/어 있다
03 A-아/어지다
04 V-게 되다

01 V-고 있다 ②

扫码获取音频与答案

185

목걸이와 귀걸이를 **하고 있어요**.
我戴着项链和耳坠。

블라우스를 **입고 있어요**.
我穿着衬衫。

치마를 **입고 있어요**.
我穿着裙子。

부츠를 **신고 있어요**.
我穿着靴子。

안경을 **쓰고/끼고 있어요**.
我戴着眼镜。

장갑을 **끼고 있어요**.
我戴着手套。

양복을 **입고 있어요**.
我穿着西服。

가방을 **들고 있어요**.
我拿着包。

구두를 **신고 있어요**.
我穿着皮鞋。

语法解析

接在“입다（穿）、신다（穿）、쓰다（戴）、끼다（戴）、벗다（脱）”等表示穿着的动词之后时，表示动作结束后的状态仍然持续，相当于“正……”或“……着”。此时，也可以用含有“完成”意义的过去时态“-았/었어요”表示。

- 치마를 입**고 있**어요. = 치마를 입었어요. 我穿着裙子。
- 안경을 쓰**고 있**어요. = 안경을 썼어요. 我戴着眼镜。

02 V-아/어 있다

扫码获取音频与答案

187

선생님이 서 있어요.
老师站着。

학생들이 앉아 있어요.
学生们坐着。

환자들이 병원에 누워 있어요.
病人们在医院里躺着。

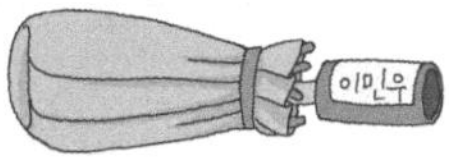

우산에 이름이 써 있어요.
雨伞上写着名字。

语法解析

表示动作结束后的状态仍然持续，相当于“……着”。通常与“열리다 (开)、닫히다 (关)、켜지다 (开)、꺼지다 (关)、떨어지다 (掉)、놓이다 (放)”等被动词搭配。

词干最后一个元音为“ㅏ”或“ㅗ”	词干最后一个元音为“ㅏ”和“ㅗ”之外的其他元音	以“하다”结尾的词
앉다 + **-아 있다** → 앉아 있다	피다 + **-어 있다** → 피어 있다	하다 → 해 있다

原形	-아/어 있어요	原形	-아/어 있어요	被动词	-어 있어요
가다	가 있어요	서다	서 있어요	잠기다	잠겨 있어요
오다	와 있어요	*쓰다	써 있어요 (= 쓰여 있어요)	닫히다	닫혀 있어요
남다	남아 있어요	붙다	붙어 있어요	꺼지다	꺼져 있어요
켜다	켜 있어요	*눕다	누워 있어요	떨어지다	떨어져 있어요

* 不规则变化。

对话

188

A 지갑을 잃어버렸어요.
B 어떻게 해요? 지갑 안에 뭐가 들어 있었어요?
A 돈하고 카드가 들어 있었어요.

A 我的钱包丢了。
B 怎么办？钱包里都有什么？
A 有钱和卡。

A 하숙집을 어떻게 찾았어요?
B 학교 앞에 광고가 붙어 있었어요.

A 你怎么找到寄宿房的？
B 学校门口有广告。

A 왜 식당에 안 들어가요?
B 문이 닫혀 있어요.

A 你怎么不去餐厅呢？
B 关门了。

小贴士

❶ "입다、신다、쓰다……"等表示穿着的动词通常不使用"입어 있다、신어 있다、써 있다……"等，而是与"-고 있다"结合，变为"입고 있다、신고 있다、쓰고 있다"等。

- 코트를 입어 있어요. (×) →코트를 입**고 있**어요. (√) 他穿着外套。
- 운동화를 신어 있어요. (×) →운동화를 신**고 있**어요. (√) 他穿着运动鞋。
- 모자를 써 있어요. (×) →모자를 **쓰고 있**어요. (√) 他戴着帽子。
- 가방을 들어 있어요. (×) →가방을 들**고 있**어요. (√) 他提着包。
- 넥타이를 매 있어요. (×) →넥타이를 매**고 있**어요. (√) 他戴着领带。

❷ "-아/어 있다"只与不及物动词（即不需要宾语的动词，也称"自动词"）搭配。

- 창문을 열었어요. 그래서 창문이 **열려 있**어요. (√) 我把窗户打开了，所以窗户是开着的。
- 창문을 열어 있어요. (×)

● 它们有什么区别?

-고 있다	-아/어 있다
表示动作现在正在进行。	表示动作结束后的状态仍然在持续。
• 의자에 앉**고 있**다 某人正坐在椅子上。	• 의자에 앉**아 있**다 某人继续坐在椅子上。
• 꽃이 피**고 있**다 花正在开。	• 꽃이 피**어 있**다 花已经开了，并且正在保持着盛开的状态。
• 죽**고 있**다 某人或某物正在死去。	• 죽**어 있**다 某人或某物已经死了，并且现在保持着死亡的状态。

练习

看图并为下列每个句子选择合适的动词形式。

(1) 칠판에 '생일 축하합니다!' 라고 (쓰고/써) 있습니다.

(2) 창문이 (열고/열려) 있습니다.

(3) 책상 위에는 케이크가 (놓이고/놓여) 있습니다.

(4) 케이크에 촛불이 (켜고/켜) 있습니다.

(5) 왕징 씨는 열쇠를 (찾고/찾아) 있습니다.

(6) 열쇠가 의자 밑에 (떨어지고/떨어져) 있습니다.

(7) 티루엔 씨는 지금 카드를 (쓰고/써) 있습니다.

(8) 요코 씨는 커피를 (마시고/마셔) 있습니다.

(9) 캐럴 씨는 노래를 (부르고/불러) 있습니다.

(10) 민우 씨가 (서고/서) 있습니다.

(11) 하영 씨가 (앉고/앉아) 있습니다.

03 A-아/어지다

扫码获取音频与答案

189

풍선이 **커졌어요**.
气球变大了。

언니가 **날씬해졌어요**.
姐姐变苗条了。

피노키오는 거짓말을 하면 코가 **길어져요**.
匹诺曹如果说谎，他的鼻子就会变长。

语法解析

表示随着时间的流逝，某种状态发生变化，相当于"变得……"。当形容词词干最后一个元音为"ㅏ"或"ㅗ"时，后接"-아지다"；为"ㅏ、ㅗ"之外的其他元音时，后接"-어지다"；以"하다"结尾的形容词要变为"해지다"。

词干最后一个元音为"ㅏ"或"ㅗ"	词干最后一个元音为"ㅏ"和"ㅗ"之外的其他元音	以"하다"结尾的形容词
작다 + **-아지다** → 작아지다	길다 + **-어지다** → 길어지다	하다 → 해지다

原形	-아/어져요	原形	-아/어져요
좋다	좋아져요	따뜻하다	따뜻해져요
*예쁘다	예뻐져요	건강하다	건강해져요
*덥다	더워져요	편하다	편해져요
*빨갛다	빨개져요	*다르다	달라져요

* 不规则变化。

对话 (190)

A 회사가 멀어요?
B 옛날에는 멀었는데 이사해서 가까워졌어요.

A （你家离）公司远吗?
B 以前远，但是搬家后就近了。

A 날씨가 많이 추워요?
B 비가 오고 나서 추워졌어요.

A 天气很冷吗?
B 下过雨后就变冷了。

A 눈이 나빠요. 어떻게 해야 돼요?
B 당근을 많이 먹으면 눈이 좋아져요.

A 我的视力不好，怎么办呢?
B 多吃胡萝卜视力就会变好。

小贴士

❶ “-아/어지다”通常与形容词搭配，一般不与动词搭配。

- 요코 씨가 **예뻐졌**습니다. (√) 洋子变漂亮了。
- 现在，洋子的韩国语说得比以前好了。

  요코 씨가 한국말을 잘해졌습니다. (×)

  요코 씨가 한국말을 잘하게 되었습니다. (√)

  （参考：单元 19 状态 04 V-게 되다）

❷ 过去时形态“-아/어졌어요”表示由于过去的某种行为而带来的变化；现在时形态“-아/어져요”则表示做某种行为会带来的一般性变化。

- 冰激凌吃得太多了，所以变胖了。

  아이스크림을 많이 먹어서 뚱뚱해져요. (×)

  아이스크림을 많이 먹어서 뚱뚱**해졌어요**. (√)
- 冰激凌吃得太多就会变胖。

  아이스크림을 많이 먹으면 뚱뚱해졌어요. (×)

  아이스크림을 많이 먹으면 뚱뚱**해져요**. (√)

练习

下图中都发生了什么变化？请从下列方框中选择合适的单词并用“-아/어지다”完成句子。

보기	건강하다	넓다	높다	많다	빨갛다	시원하다	예쁘다	적다	크다

(1) 몸이 약했는데 지금은__________________.

(2) 눈이__________________.

(3) 얼굴이__________________.

(4) 가을이 되어서 날씨가__________________.

(5) 나뭇잎이__________________.

(6) 바다에 사람들이__________________.

(7) 길이__________________.

(8) 차가__________________.

(9) 빌딩이__________________.

04 V-게 되다

扫码获取音频与答案

191

요리를 **잘하게 되었어요**.
我现在做菜比以前好了。

축구를 **좋아하게 되었어요**.
我现在喜欢足球了。

외국으로 출장을 **가게 됐어요**.
我要去国外出差。

语法解析

表示由一种状态变为另外一种状态或因受客观因素影响而发生变化，主要接在动词词干后，相当于“变得……”。

- 옛날에는 축구를 싫어했는데 남자 친구가 생기고 나서부터 축구를 좋아하**게 되**었어요.
  我以前不喜欢足球，可自从有了男朋友之后，我就开始喜欢足球了。
- 출장을 가기 싫었는데 사장님의 명령 때문에 출장을 가**게 되**었어요.
  我本来不想去出差的，但由于是社长的命令，所以我只能去出差。

가다 + **-게 되다** → 가게 되었어요　　먹다 + **-게 되다** → 먹게 되었어요

原形	-게 되었어요	原形	-게 되었어요
보다	보게 되었어요	살다	살게 되었어요
마시다	마시게 되었어요	듣다	듣게 되었어요
잘하다	잘하게 되었어요	알다	알게 되었어요

对话

192

A 요즘 일찍 일어나요?
B 네, 회사에 다닌 후부터 일찍 일어나게 되었어요.

A 你最近起得早吗?
B 自从去公司上班后，我就开始早起了。

A 영화배우 장동건 씨를 알아요?
B 한국에 오기 전에는 몰랐는데 한국에 와서 알게 되었어요.

A 你知道电影明星张东健吗?
B 来韩国之前不知道，但是来韩国之后知道了。

练习

李民宇结婚后发生了哪些变化? 请从下列方框中选择合适的单词并用“-게 되다”完成句子。

보기 가다 끊다 들어가다 마시다 만나다 먹다 저축하다

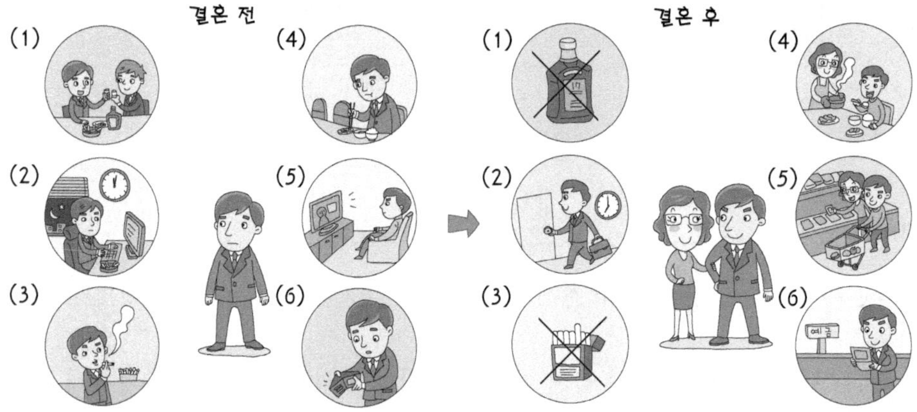

(1) 술을____________________.

(2) 집에 일찍____________________. 친구들을 자주 못____________________.

(3) 담배를____________________.

(4) 맛있는 음식을____________________.

(5) 시장에 자주____________________.

(6) ____________________.

单元 20

确认

01 A/V-(으)ㄴ/는지

02 V-는 데 걸리다/들다

03 A/V-지요?

01 A/V-(으)ㄴ/는지

扫码获取音频与答案

193

명동에 어떻게 **가는지** 알아요?
你知道怎么去明洞吗?

저 분이 **누구인지** 모르겠어요.
我不知道那是谁。

어제 무엇을 **했는지** 생각이 안 나요.
我想不起来昨天干什么了。

语法解析

表示连接后半句需要的某种附加信息，后面主要接“알다 (知道)、모르다 (不知道)、궁금하다 (想知道)、질문하다 (提问)、조사하다 (调查)、알아보다 (打听)、생각나다 (想起)、말하다 (说)、가르치다 (教)”等动词。

- 내일 날씨가 좋아요, 나빠요? + 알아요? → 내일 날씨가 좋**은지** 나**쁜지** 알아요?
  明天天气是好还是坏? + 你知道吗? → 你知道明天天气是好还是坏吗?
- 명동에 어떻게 가요? + 가르쳐 주세요. → 명동에 어떻게 가**는지** 가르쳐 주세요.
  怎么去明洞? + 请告诉我。→ 请告诉我怎么去明洞。

形容词现在时态和이다		动词现在时态	动词、形容词、이다的过去时态	动词将来时态	
词干以元音结尾	词干以辅音结尾			词干以元音结尾	词干以辅音结尾
-ㄴ지	-은지	-는지	-았/었는지	-ㄹ 건지	-을 건지
큰지 인지	작은지	가는지 먹는지	갔는지 컸는지 의사였는지 학생이었는지	갈 건지	먹을 건지

原形	-(으)ㄴ/는지	原形	-(으)ㄴ/는지
예쁘다	예쁜지	만나다	만나는지
높다	높은지	입다	입는지
학생이다	학생인지	운동하다	운동하는지
*길다	긴지	청소하다	청소하는지
*춥다	추운지	*살다	사는지
더웠다	더웠는지	찍었다	찍었는지
교수였다	교수였는지	공부했다	공부했는지
선생님이었다	선생님이었는지	일했다	일했는지

* 不规则变化。

对话

194

A 제이슨 씨가 병원에 입원했어요.
어디가 아픈지 알아요?
B 글쎄요. 저도 어디가 아픈지
모르겠어요.

A 杰森住院了，
你知道他哪儿不舒服吗？
B 这个嘛，我也不知道他哪里不舒服。

A 여보, 우리 아들이 지금 공부하고
있어요?
B 방에 있는데 공부하는지 자는지
잘 모르겠어요.

A 老婆，儿子现在在学习吗？
B 他现在在房间里，但不知道是在学习，
还是在睡觉。

A 이거 제가 만들었어요. 드셔 보세요.
B 와, 맛있어요. 이거 어떻게
만들었는지 가르쳐 주세요.

A 这是我做的，尝尝吧。
B 哇，真好吃，
教教我怎么做吧。

小贴士

“-는지”在使用时主要有以下几种形态。

❶ 疑问词 + 动词-(으)ㄴ/는지

- 우리 아이가 방에서 **무엇**을 **하는지** 모르겠어요. 我不知道孩子在房间里干什么。
- 그 사람이 **어느** 나라 사람**인지** 알아요? 你知道他是哪国人吗?

❷ 动词 1-(으)ㄴ/는지 动词 2-(으)ㄴ/는지

- 우리 아이가 방에서 **자는지 공부하는지** 모르겠어요.
  我不知道孩子在房间里是在睡觉，还是在学习。
- 그 사람이 일본 사람**인지** 중국 사람**인지** 알아요?
  你知道他是日本人还是中国人吗?

❸ 动词 1-(으)ㄴ/는지 안 动词1-(으)ㄴ/는지

- 우리 아이가 공부를 **하는지 안 하는지** 모르겠어요. 我不知道孩子是不是在学习。
- 그 사람이 일본 사람**인지 아닌지** 모르겠어요. 我不知道他是不是日本人。

练习

关于图中这个人，你知道他的哪些情况? 请用“-(으)ㄴ/는지”提问。

(1) A 이 사람이________________알아요?
B 네, 알아요. 제이슨 씨예요.

(2) A 제이슨 씨의 나이가____________모르겠어요.
B 제이슨 씨는 22살이에요.

(3) A 제이슨 씨가 ________________알아요?
B 네, 알아요. 작년에 한국에 왔어요.

(4) A ____________________?
B 네, 알아요. 한국대학교에 다녀요.

(5) A 무엇을______________말해 주세요.
B 제이슨 씨는 노래하고 운동을 좋아해요.

(6) A 여자 친구가 있는지____________궁금해요.
B 제이슨 씨는 여자 친구가 있어요.

02 V-는 데 걸리다/들다

扫码获取音频与答案

195

운전을 **배우는 데** 두 달 **걸렸어요**.
我学驾驶花了两个月。

숙제하는 데 한 시간 **걸려요**.
我做作业花了一个小时。

차를 **고치는 데** 30만 원 **들었어요**.
修车花了 30 万韩元。

语法解析

接在动词词干后，表示做某事花费的金钱、时间、精力等，相当于“花了……做……”。表示花费时间时，用“-는 데 걸리다”；表示花费金钱时，用“-는 데 들다”。

- 차를 고쳐요. 30만 원 들어요. → 차를 고치**는 데** 30만 원 **들**어요.
  修车。花 30 万韩元。→ 修车花了 30 万韩元。

가다 + **-는 데** → 가는 데　　　짓다 + **-는 데** → 짓는 데

<table>
<tr><th>原形</th><th>-는 데</th><td rowspan="5">时间 + 걸리다
金钱 + 들다</td></tr>
<tr><td>여행하다</td><td>여행하는 데</td></tr>
<tr><td>읽다</td><td>읽는 데</td></tr>
<tr><td>짓다</td><td>짓는 데</td></tr>
<tr><td>*만들다</td><td>만드는 데</td></tr>
</table>

* 不规则变化。

对话

196

A 여기에서 명동까지 가는 데 얼마나 걸려요?

B 버스로 가면 40분, 지하철로 가면 20분 걸려요.

A 从这里去明洞要花多长时间？

B 坐公交车要花40分钟，坐地铁要花20分钟。

A 지난주에 이사했어요? 이사하는 데 얼마 들었어요?

B 150만 원쯤 들었어요.

A 你上周搬家了？搬家花了多少钱？

B 大概150万韩元。

练习

做下面这些事情花了多少时间或金钱？请看图并用“-는 데 걸리다/들다”完成下列句子。

(1)

A 와, 맛있는 갈비예요.

B 갈비__________10시간이나 걸렸어요.
(만들다)

A 그래요?__________10분밖에 안 걸려요.
(먹다)

(2)

A 한글 자음, 모음 다 외웠어요?

B 네, 자음, 모음__________일주일 걸렸어요.
(외우다)

(3)

A 이를__________얼마나 들어요?
(치료하다)

B 이를__________보통 6만 원쯤__________.
(치료하다) (들다)

(4)

A 한국에서 머리를 자르고 싶어요. 돈이 얼마쯤 들어요?

B 머리__________20,000원 정도__________.
(자르다) (들다)

03 A/V-지요?

扫码获取音频与答案

197

중국 사람**이지요**?
你是中国人吧?

불고기가 **맛있지요**?
烤肉很好吃吧?

한국어를 **배우지요**?
你在学韩国语吧?

语法解析

表示说话人就自己知道的事实向听话人询问或征求听话人的同意，相当于“……吧?”。现在时态用“-지요?”，形容词、动词过去时态用“-았/었지요?”，动词将来时态用“-(으)ㄹ 거지요?”。口语中通常把“-지요?”缩略为“-죠?”。

크다 + **-지요?** → 크지요?　　　　먹다 + **-지요?** → 먹지요?

原形	-지요?	原形	-지요?
싸다	싸지요?	가다	가지요?
많다	많지요?	읽다	읽지요?
춥다	춥지요?	듣다	듣지요?
멀다	멀지요?	공부하다	공부하지요?
맛있다	맛있지요?	재미없다	재미없지요?
학생이다	학생이지요?	학생이 아니다	학생이 아니지요?

对话

198

A 우리 아이가 벌써 10살이 되었어요. 세월이 참 빠르지요?
B 네, 정말 세월이 빨라요.

A 我们家孩子已经10岁了，时间过得可真快呀。
B 是啊，过得真快。

A 호앙 씨, 어제 밤 새웠지요?
B 어떻게 알았어요? 제가 피곤해 보여요?

A 侯昂，你昨天熬夜了吧？
B 你怎么知道的？我看起来很疲倦吗？

A 내일 회의에 참석할 거지요?
B 네, 회의에 꼭 참석하겠습니다.

A 明天你会参加会议，对吧？
B 对，我一定会去参加会议的。

练习

下图是卡罗尔，请用"-지요?"完成下列句子。

(1) A 캐럴 씨, 백화점에서 ______________?
B 네, 한국 백화점에서 쇼핑했어요.

(2) A 요즘 한국 백화점에서 ______________?
B 네, 다음 주까지 세일을 해요.

(3) A 세일 기간이라서 백화점에 사람이 __________?
B 정말 많았어요. 복잡했어요.

(4) A 남자 구두를 ______________?
B 네, 남자 구두를 샀어요.

(5) A 그 구두를 남자 친구에게 ______________?
B 아니요, 아버지께 드릴 거예요.

单元 21

发现与感叹

01 A/V-군요/는군요

扫码获取音频与答案

199

눈이 **나쁘군요**.
你的视力不好啊!

아이스크림을 **좋아하는군요**.
你喜欢冰激凌啊!

감기에 **걸렸군요**.
你感冒了啊!

语法解析

说话人对自己亲身经历的事情或通过他人获知的事情表示感叹或惊讶，相当于“……啊!”“确实……!”。当前面是形容词时，用“-군요”；当前面是动词时，用“-는군요”；当前面是名词时，用“-(이)군요”。如果是过去的事情，要用“-았/었군요”。

形容词 + -군요	动词 + -는군요
크다 + **-군요** → 크군요	먹다 + **-는군요** → 먹는군요

原形	-군요	原形	-는군요
학생이다	학생이군요	가다	가는군요
의사이다	의사(이)군요	사다	사는군요
피곤하다	피곤하군요	운동하다	운동하는군요
덥다	덥군요	*만들다	만드는군요

* 不规则变化。

对话

200

A 부디 씨가 이번에 차를 또 바꿨어요.
B 그래요? 부디 씨는 정말 돈이 많군요.

A 布迪又换车了。
B 是吗？布迪真有钱啊！

A 댄 씨, 인사하세요, 이분이 우리 회사 사장님이세요.
B 아, 사장님이시군요. 안녕하세요.

A 戴恩，打个招呼吧，这是我们公司的社长。
B 哦，是社长啊！您好。

A 우산 있어요? 지금 밖에 비가 와요.
B 정말 비가 오는군요. 우산이 없는데 어떻게 하죠?

A 你有雨伞吗？现在外边下雨了。
B 真下雨了啊！我也没有雨伞，怎么办呢？

小贴士

“-군요”的非格式体有以下三种：当前面是形容词时，用“-구나/-군”；当前面是动词时，用“-는구나/-는군”；当前面是名词时，用“-(이)구나/(이)군”。

A 저 아이가 제 동생이에요. 那个孩子是我弟弟。
B (혼잣말로) 아, 저 아이가 동생**이구나**. （自言自语）哦，那就是你弟弟啊。

A 엄마, 오늘 학교에서 일이 있어서 늦게 왔어요.
妈妈，今天学校里有事，所以我回来晚了。
B 응, 그래서 늦었**구나**. 哦，所以你回来晚了啊。

练习

请用“-군요/는군요”完成句子。

（1）A 오늘 아침에 출근하는 데 한 시간이나 걸렸어요.
B 그래요? 월요일이어서 길이 많이________________. (막히다)

（2）A 제 여자 친구 사진이에요.
B 여자 친구가________________. (예쁘다)

（3）A 요즘 사람들이 노란색 옷을 많이 입어요.
B 요즘 노란색이 ________________. (유행하다)

（4）A 점심시간인데 밥 안 먹어요?
B 아, 벌써________________. (점심시간이다)

02 A/V-네요

扫码获取音频与答案

201

벌써 **여름이네요**.
已经到夏天了啊!

가족이 **많네요**.
你家人真多啊!

글씨를 잘 **쓰네요**.
你写字真好看!

책을 많이 **읽었네요**.
你书读得真多啊!

语法解析

对通过自己亲身经历而获知的事实表示感叹或惊讶，或者对对方的话表示同意，主要用于形容词和动词词干后。

1 对通过自己亲身经历而获知的事实表示惊讶。

A 한국말을 정말 잘하시**네요**. 你的韩国语说得真好啊!（当目睹朋友说韩国语时）

B 아니에요. 더 많이 공부해야 돼요. 哪里哪里，我还得多加努力。

2 对某人的说法表示同意。

A 오늘 날씨가 춥지요? 今天很冷吧?

B 네, 정말 춥**네요**. 是的，确实很冷。

오다 + **-네요** → 오네요　　　　가깝다 + **-네요** → 가깝네요

原形	-네요	原形	-는군요
책상이다	책상이네요	춥다	춥네요
아니다	아니네요	찍다	찍네요
예쁘다	예쁘네요	듣다	듣네요
친절하다	친절하네요	요리하다	요리하네요
주다	주네요	*멀다	머네요
마시다	마시네요	*살다	사네요

* 不规则变化。

（参考：单元 21 发现与感叹 01 A/V-군요/는군요）

● 它们有什么区别?

-군요

❶ 主要用于书面语。

❷ 可用于通过亲身经历或别人而获知的事实。

A 이 집 갈비 먹어 봤어요? 정말 맛있어요.
你吃过这家餐厅的排骨吗？真的很好吃。

B 그래요? 이 집 갈비가 맛있**군요**. (√)
是吗？这家的排骨很好吃啊！

B虽然还没有尝过这家餐厅的排骨，但通过A知道了“这家餐厅的排骨很好吃”这一事实，因而可以使用“군요”。

-네요

❶ 主要用于日常对话中。

❷ 只能用于通过亲身经历获知的事实。

A 이 집 갈비 먹어 봤어요? 정말 맛있어요.
你吃过这家餐厅的排骨吗？真的很好吃。

B 그래요? 이 집 갈비가 맛있네요. (×)

B还没有尝过这家餐厅的排骨，因而不能用“네요”。

对话 202

A 남편이 키가 크시네요.
B 네, 187cm (센티미터) 예요.

A 你先生个子真高啊!
B 是啊，他身高1米87。

A 제 선물이에요. 빨리 열어 보세요.
B 예쁜 목도리네요. 고마워요. 겨울에 잘할게요.

A 这是我送给你的礼物，快点儿打开看看吧。
B 是条漂亮的围巾啊，谢谢! 冬天我会好好戴的。

A 우리 딸이 그린 그림인데 어때요?
B 정말 잘 그렸네요. 언제부터 그림을 배웠어요?

A 这是我女儿画的画儿，怎么样?
B 画得真不错呀。她是什么时候开始学画画儿的?

练习

看图并用“-네요”或“-군요”完成下列句子。

(1)

A 우리 동네 근처에 있는 시장에 가봤어요? 물건이 싸고 좋아요.
B 그래요? 그 시장 물건이________________.

(2)

A 오늘 하늘 좀 보세요. 정말 아름다워요.
B 네, 하늘이 정말________________.

(3)

A 자장면 배달 왔습니다.
B 오늘 자장면이 빨리________________.

(4)

A 요코 씨가 병원에 입원했어요.
B 요코 씨가 많이________________.
(아프다)

单元 22

其他终结词尾

01 A-(으)ㄴ가요?, V-나요?

扫码获取音频与答案

203

한국 친구가 **많은가요**?
你的韩国朋友多吗?

나를 **사랑하나요**?
你爱我吗?

주말에 재미있게 **보내셨나요**?
周末过得开心吗?

语法解析

表示以亲切、温柔的语气，礼貌地向对方提出问题。当前面是形容词时，若词干以元音结尾，后接“-ㄴ가요?”；以辅音结尾，后接“-은가요?”。当前面是动词时，要在词干后接“-나요?”。

形容词现在时态		动词现在时态	形容词和动词的过去时态	动词将来时态	
词干以元音结尾	词干以辅音结尾			词干以元音结尾	词干以辅音结尾
-ㄴ가요?	-은가요?	-나요?	-았/었나요?	-ㄹ 건가요?	-을 건가요?
아픈가요? 학생인가요?	많은가요? 적은가요?	가나요? 있나요?	갔나요? 적었나요?	갈 건가요? 볼 건가요?	먹을 건가요? 있을 건가요?

原形	-(으)ㄴ가요?	原形	-나요?
빠르다	빠른가요?	오다	오나요?
친절하다	친절한가요?	찾다	찾나요?
의사이다	의사인가요?	아팠다	아팠나요?
작다	작은가요?	받았다	받았나요?

(续表)

原形	-(으)ㄴ가요?	原形	-나요?
*무섭다	무서운가요?	*만들다	만드나요?
*멀다	먼가요?	*살다	사나요?

* 不规则变化。

对话

204

A 오늘 시간이 있나요?
B 네, 있는데 왜 그러세요?

A 你今天有时间吗?
B 有，怎么了?

A 요즘 바쁜가요?
B 아니요, 그렇게 많이 바쁘지 않아요.

A 你最近忙吗?
B 不太忙。

A 댄 씨, 어머님이 언제 서울에 오시나요?
B 다음 주에 오실 거예요.

A 戴恩，你妈妈什么时候来首尔?
B 下周来。

A 몇 시에 집에서 출발할 건가요?
B 조금 이따가 할 거예요.

A 你几点从家里出发?
B 一会儿就走。

练习

仿照例子，完成下列句子。

보기 A 오늘 날씨가 좋은가요?
B 네, 날씨가 좋아요.

(1) A 티루엔 씨, 요즘 회사에서 자꾸 자는데 ____________?
B 네, 피곤해요.

(2) A 여권을 만드는 데 며칠이 ____________?
B 아마 일주일쯤 걸릴 거예요.

(3) A 댄 씨, 한국에 ____________? 한국말을 잘하세요.
B 작년에 왔어요.

(4) A 캐럴 씨와 ____________?
B 물론이에요. 결혼할 거예요.

02 A/V-(으)ㄴ/는데요

扫码获取音频与答案

205

저는 **재미있는데요**.
我觉得很有意思。

민우 씨는 지금 자리에 **없는데요**.
民宇现在不在。

정말 **높은데요**!
真高啊！

语法解析

1 表示在对话中，对对方的话表示不同意或反对。当前面是形容词时，若词干以元音结尾，后接“-ㄴ데요”；以辅音结尾，后接“-은데요”。当前面是动词时，后接“-는데요”。

A 오늘 날씨가 안 추워요. 今天不冷。

B 저는 추**운데요**. 我觉得冷呢。

2 在某种情况下等待或期待对方的回应时，也可以使用。

A 여보세요, 거기 하영 씨 댁이지요? 喂，是夏英家吗？

B 네, 맞**는데요**. (누구세요? / 무슨 일이세요?) 是的。（虽然只表达了肯定之意，但还含有“您是哪位？/有什么事吗？”之意，只是没有明确说出来而已）

3 表示对看到的某种场面表示惊讶或感叹。

- (여자 친구를 보면서) 여자 친구가 정말 예**쁜데요**!
  （看到某人的女朋友时）你女朋友真漂亮。
- (외국인을 보면서) 한국말을 아주 잘하시**는데요**.
  （看到一个外国人时）韩国语说得真不错呀。

形容词和이다的现在时态		动词的现在时态	动词和形容词的过去时态
词干以元音结尾	词干以辅音结尾		
-ㄴ데요	-은데요	-는데요	-았/었는데요
바쁜데요 의사인데요	많은데요 높은데요	사는데요 읽는데요 있는데요 없는데요	샀는데요 바빴는데요 의사였는데요 학생이었는데요

原形	-(으)ㄴ/는데요	原形	-(으)ㄴ/는데요
예쁘다	예쁜데요	보다	보는데요
작다	작은데요	듣다	듣는데요
피곤하다	피곤한데요	일하다	일하는데요
*힘들다	힘든데요	*만들다	만드는데요
*덥다	더운데요	*살다	사는데요
친절했다	친절했는데요	받았다	받았는데요
편했다	편했는데요	찾았다	찾았는데요

* 不规则变化。

对话

206

A 내일 저녁에 시간 있어요?
B 내일은 시간이 없는데요.

A 你明天晚上有时间吗?
B 没有呢。

A 이 그림 어때요?
B 와, 멋있는데요.

A 这幅画怎么样?
B 哇，很不错呀。

A 와, 댄 씨, 공부 열심히 하는데요.
B 아니에요. 그냥 책을 읽고 있어요.

A 哇，戴恩，你学习很努力呀。
B 哪里，只是在看书而已。

练习

看图并从下列方框中选择合适的单词用“-(으)ㄴ/는데요”完成句子。

보기	대단하다　　먹다　　불다　　없다

（1）

A　저 선수 좀 보세요.

B　와, 정말________________.

（2）

A　같이 저녁 먹을까요?

B　저는 벌써________________.

（3）

A　웨슬리 씨, 돈 좀 빌려 주세요.

B　죄송해요. 지금 돈이________________.

（4）

A　우리 산책하러 갈까요?

B　지금 바람이 많이________________.

单元 23

引用

01 直接引用

02 间接引用

03 间接引语的缩略形式

01 直接引用

扫码获取音频与答案

207

에디슨은 "실패는 성공의 어머니입니다." **라고 했어요.**
爱迪生说："失败是成功之母。"

왕징 씨는 저에게 "내일 몇 시에 와요?" **하고 물어봤어요.**
王晶问我："你明天几点过来？"

부디 씨는 "문제가 너무 어려워." **하고 생각했어요.**
布迪认为："题很难。"

语法解析

直接引用是指把某段文字、某种想法或者某个人所说的话放入引号内直接进行引用的情况，这时引号后要用"하고 / 라고"。当提问时，用"뭐라고"代替"무엇을"，如"카일리 씨가 뭐라고 말했어요？(卡伊莉说了什么？)"。"하고 / 라고"后通常使用"이야기하다、물어보다、말하다、생각하다、쓰다"等动词，也可以用"하다"或"그러다"代替以上动词。

"被引用的话"	하고 라고	(말)하다 说 / 이야기하다 谈论 그러다 说/表示 물어보다 问 생각하다 想 부탁하다 拜托 쓰다 写 듣다 听 써 있다 写着

对话

208

A 민우 씨하고 얘기했어요?

B 네, 민우 씨가 "요즘 너무 바빠서 만날 수 없어요."라고 그랬어요.

A 你跟民宇说了吗?

B 说了，民宇说："最近太忙，没法见面。"

A 여보, "여기에 주차하지 마세요." 라고 써 있는데요.

B 그래요? 다른 곳에 주차할 게요.

A 老公，这里写着"请不要在此处停车"。

B 是吗？那去其他地方停吧。

小贴士

❶ 当引号内的话以"하다"结尾时，后面最好不要用"하고 했어요"，此外，"하고"后的动词最好避免使用"하다"，因为"하다"多次重复听起来会比较别扭。

- 民宇说："去做运动吧。"

  민우 씨는 "운동하세요." 하고 했어요. (×)

  민우 씨는 "운동**하**세요." 라고 (말)**했**어요. (√)

  민우 씨는 "운동**하**세요." **하**고 **말했**어요. (√)

- 夏英说："咱们明天见面吧。"

  하영 씨는 "내일 만나요." 하고 했어요. (×)

  하영 씨는 "내일 만나요." 라고 (말)**했**어요. (√)

  하영 씨는 "내일 만나요." **하**고 말했어요. (√)

❷ 虽然被引用的句子后既可以用"하고"，也可以用"라고"，但是二者有细微的差别：使用"하고"给人一种不光引用了原话，还直接引用了语气、表情、感情等的感觉。因此，像拟声词、童话、古时候的故事等需要传达出生动感觉时，通常使用"하고"；而日常生活中的对话或一般的文章中大多使用"라고"。

- 준호 씨가 벨을 누르니까 "딩동" **하고** 소리가 났어요.

  俊浩按了一下门铃，传出了"叮咚"的声音。

- 그 남자는 "살려 주세요!" **하고** 소리쳤어요.

  那个男人大喊："救救我！"

- 왕비는 "거울아, 거울아, 세상에서 누가 제일 예쁘니?" **하고** 물어봤어요.

  王妃问："镜子啊，镜子，谁是世界上最漂亮的人？"。

"叮咚"的声音、男人和王妃说话时的生动感可以借"하고"更形象地传达出来。

练习

请把下图中人们说的话改成直接引语。

(1)

A 여자가 남자에게 뭐라고 말했어요?

B 여자는 남자에게____________________________.

(2)

A 재준 씨가 무엇을 물어봤어요?

B 재준 씨는____________________________.

(3)

A 카드에 뭐라고 썼어요?

B 카드에____________________________.

(4)

A 책에 뭐라고 써 있어요?

B 책에____________________________.

(5)

A 선물을 주니까 부디 씨가 뭐라고 했어요?

B 부디 씨는____________________________.

02 间接引用

扫码获取音频与答案

209

민우 씨가 저에게 정말 **아름답다고 했어요**.
民宇说我很漂亮。

하영 씨가 저에게 **사랑한다고 그랬어요**.
夏英说她爱我。

민우 씨가 **결혼하자고 했어요**.
民宇向我求婚了。

语法解析

间接引用是指不把某段文字、某种想法或者某个人所说的话原原本本地转述出来的，而是在形式上进行一些变化后再转述出来的引用方式。根据被引用句子的类型、动词时态以及词类的不同，最终的表达方式也不尽相同，因此间接引用比直接引用复杂得多。通常要在改变被引用句子的形态后添加“-고”，而后接“말하다（说）、물어보다（问）、전하다（告诉）、듣다（听）”等动词，也可以用“하다”或“그러다”代替。共动句与命令句间接引语的否定形分别为“-지 말자고 하다”和“-지말라고 하다”。

句型	时态	变化规则	例句
陈述句	现在时态	动词词干 + **-(느)ㄴ다고 하다**	만난다고 합니다 먹는다고 합니다
		形容词词干 + **-다고 하다**	바쁘다고 합니다
		名词 + **(이)라고 하다**	의사라고 합니다 회사원이라고 합니다
	过去时态	动词 / 形容词词干 + **-았 / 었 / 였다고 하다**	만났다고 합니다 먹었다고 합니다
	将来时态	动词词干 + **-(으)ㄹ 거라고 하다**	만날 거라고 합니다 먹을 거라고 합니다

（续表）

句型	时态	变化规则	例句
疑问句	现在时态	形容词词干 + **-(으)냐고 하다**	예쁘냐고 합니다 춥냐고 합니다 = 추우냐고 합니다
		动词词干 + **-(느)냐고 하다**	먹냐고 합니다 =먹느냐고 합니다
		名词 + **(이)냐고 하다**	의사냐고 합니다 회사원이냐고 합니다
	过去时态	动词 / 形容词词干 + **- 았 / 었 / 였냐고 하다**	만났냐고 합니다 먹었냐고 합니다
	将来时态	动词词干 + **-(으) ㄹ 거냐고 하다**	만날 거냐고 합니다 먹을 거냐고 합니다
共动句		动词词干 + **-자고 하다**	가자고 합니다
命令句		动词词干 + **-(으)라고 하다**	가라고 합니다 입으라고 합니다
		动词词干 + **-아 / 어 / 여 달라고 하다** 动词词干 + **-아 / 어 / 여 주라고 하다**	도와 달라고 합니다 도와 주라고 합니다

1 陈述句

- 왕징 씨가 "저는 한국어를 공부해요."라고 말했어요. 王晶说："我正在学习韩国语。"
  왕징 씨는 자기가 한국어를 공부**한다고 말했**어요. 王晶说她正在学习韩国语。

2 疑问句

- 세미 씨는 "지난 주에 제주도에 갔어요?"라고 물어봤어요. 世美问："你上周去济州岛了吗？"
  세미 씨는 지난 주에 제주도에 갔**냐고 물어봤**어요. 世美问我上周是否去了济州岛。

3 共动句

- 민우 씨는 "내일 산에 가**지 맙시다.**" 라고 말했어요. 民宇说："咱们明天别去爬山了。"
  민우 씨는 내일 산에 가**지 말자고 했**어요. 民宇建议明天不要去爬山。

4 命令句

- 의사 선생님이 "담배를 피우**지 마세요.**" 라고 하셨어요. 医生说："请不要吸烟。"
  의사 선생님이 담배를 피우**지 말라고 하**셨어요. 医生劝我戒烟。

第一人称代词"나 / 내"或"저 / 제"在引用句中要变成"자기"。

- 왕징 씨가 "저한테 얘기하세요." 라고 말했어요. 王晶说："请告诉我。"
  왕징 씨가 **자기**한테 말하라고 했어요. 王晶说让告诉她。
- 리처드 씨가 "제 고향은 뉴욕이에요." 라고 말했어요. 理查德说："我的故乡是纽约。"
  리처드 씨가 **자기**(의) 고향은 뉴욕이라고 말했어요. 理查德说他的故乡是纽约。

对话

A 제이슨 씨 여기 있어요?
B 없는데요.
A 제이슨 씨가 오면 식당으로 오라고 전해 주세요.

A 杰森在吗?
B 不在呢。
A 如果杰森回来，请让他来餐厅。

A 삼계탕 먹어 봤어요?
B 아니요, 그렇지만 먹어 본 친구들이 맛있다고 해요.

A 你尝过参鸡汤吗?
B 没有，但是尝过的朋友都说很好。

小贴士

如果原句是以“주세요”或“-아/어 주세요”结尾，那么变成间接引语时，要变成“달라고 하다”“-아/어 달라고 하다”或“주라고 하다”“-아/어 주라고 하다”。当说话人拜托听话人为自己做某事时，要用“달라고 하다”或“-아/어 달라고 하다”；当说话人拜托听话人帮助第三方时，要用“주라고 하다”或“-아/어 주라고 하다”。

<table>
<tr><td>说话人直接向听话人提出请求。
달라고 하다，-아/어 달라고 하다</td><td>说话人替第三方提出请求。
주라고 하다，-아/어 주라고 하다</td></tr>
<tr><td>

재준 씨는 물을 달라고 했어요.
才俊在让对方为自己做某事。</td><td>

캐럴 씨는 웨슬리 씨에게 물을 주라고 했어요.
卡罗尔在让听话人为威斯利（第三方）做某事。</td></tr>
<tr><td>

재준 씨는 왕징 씨에게 도와 달라고 했어요.
说话人（才俊）和接受帮助的人（才俊）是同一个人。</td><td>

재준 씨는 댄 씨에게 왕징 씨를 도와주라고 했어요.
说话人（才俊）和接受帮助的人（王晶）不是同一个人。</td></tr>
</table>

练习

请把下面的直接引语改成间接引语。

> 보기 제니퍼 씨가 "비행기 표가 너무 비싸요." 라고 말했어요.
> → 제니퍼 씨가 비행기 표가 너무 비싸다고 했어요.

(1) 에릭 씨가 "영화를 좋아해요." 라고 했어요.

→ ______________________________.

(2) 왕징 씨가 "아침을 먹지 않아요." 라고 했어요.

→ ______________________________.

(3) 요코 씨가 "어제 쇼핑했어요." 라고 했어요.

→ ______________________________.

(4) 란란 씨가 "빨간색 가방은 제 것이에요." 라고 했어요.

→ ______________________________.

(5) 민우 씨가 "언제 고향에 가요?" 라고 물어봤어요.

→ ______________________________.

(6) 준호 씨가 "더우니까 수영하러 갑시다." 라고 했어요.

→ ______________________________.

(7) 마틴 씨가 "허리가 아프면 수영을 하세요." 라고 했어요.

→ ______________________________.

(8) 선생님이 저에게 "민우 씨를 도와주세요." 라고 말씀하셨어요.

→ ______________________________.

(9) 재준 씨가 "저에게 돈을 빌려 주세요. " 라고 말했어요.

→ ______________________________.

03 间接引语的缩略形式

扫码获取音频与答案

211

요코 씨는 한국어가 **재미있대요**.
洋子说韩国语很有意思。

티루엔 씨는 다음 달에 **결혼한대요**.
蒂鲁恩说他下个月结婚。

웨슬리 씨는 저녁에 **전화하래요**.
威斯利让晚上给他打电话。

재준 씨는 내일 같이 테니스를 **치재요**.
才俊提议明天一起打网球。

부디 씨는 뭐 먹고 **싶내요**.
布迪问大家想吃什么。

语法解析

间接引语的缩略形式经常使用，但主要用于口语中。

句型	时态	缩略形式	例句
陈述句	现在时态	动词词干 + -(느)ㄴ다고 해요 → **-(느)ㄴ대요**	만난대요/먹는대요
		形容词词干 + -다고 해요 → **-대요**	바쁘대요
		名词 + -(이)라고 해요 → **-(이)래요**	변호사래요 선생님이래요
	过去时态	形容词/动词词干 + -았/었/였다고 해요 → **-았/었/였대요**	만났대요 먹었대요
	将来时态	形容词/动词词干+ -(으)ㄹ 거라고 해요 → **-(으)ㄹ 거래요**	만날 거래요 먹을 거래요
疑问句	现在时态	名词 + -(이)냐고 해요 → **-(이)내요**	변호사내요 선생님이내요
		动词词干+ -(느)냐고 해요 → **-내요** 形容词词干 + -(으)냐고 해요 → **-(으)내요**	가내요/먹내요 춥내요 (= 추우내요)
	过去时态	形容词/动词词干+ -았/었(느)냐고 하다 → **-았/었내요**	갔었내요/먹었내요 추웠내요
	将来时态／推测	形容词/动词词干+ -(으)ㄹ 거냐고 하다 → **-(으)ㄹ 거내요**	갈 거내요/먹을 거내요 추울 거내요
共动句		动词词干+ -자고 해요 → **-재요**	가재요
命令句		动词词干+ -(으)라고 해요 → **-(으)래요**	가래요/입으래요
		动词词干+ -아/어 달라고 하다 → **-아/어 달래요** 动词词干+ -아/어 주라고 하다 → **-아/어 주래요**	도와 달래요 도와 주래요

对话

212

A 에릭 씨가 요즘 어떻게 지내는지 알아요?
B 네, 요즘 한국어를 배운대요.

A 你知道埃里克最近过得怎么样吗?
B 知道，他说最近在学韩国语。

A 지수 씨가 주말에 같이 등산 가재요. 시간 있어요?
B 네, 있어요. 같이 가요.

A 志秀提议周末一起去爬山，你有时间吗?
B 我有空儿，一起去吧。

A 사람들이 내일 몇 시에 모이내요.
B 9시까지 학교 앞으로 오라고 해 주세요.

A 大家问明天几点集合。
B 请告诉他们9点之前到学校门口集合。

A 재준 씨, 어디에 가요?
B 유키 씨가 숙제를 좀 도와 달래요. 그래서 유키 씨를 만나러 가요.

A 才俊，你去哪儿?
B 尤琪让我帮她做作业，所以我现在去见她。

练习

蒂鲁恩跟布迪说了什么? 请仿照例子，用间接引语的缩略形式完成下列句子。

보기 | 부디 씨, 주말에 시간 있어요?
→ 티루엔 씨가 부디 씨에게 주말에 시간 있냐요.

티루엔 씨는 부디 씨에게 시간 있으면 (1) ____________. 티루엔 씨는 부디 씨에게 무슨 영화를 (2) ____________. 티루엔 씨는 공포영화를 (3) ____________. 코미디 영화가 (4) ____________. 그래서 코미디 영화를 (5) ____________. 영화를 본 후에 (6) ____________. 티루엔 씨는 파란색 옷을 (7) ____________. 티루엔 씨는 부디 씨도 (8) ____________. 같이 (9) ____________. 티루엔 씨는 자기와 부디 씨는 정말 (10) ____________.

单元 24

不规则变化

01 "ㅡ"的不规则变化

扫码获取音频与答案

213

민우 씨는 요즘 많이 **바빠요**.
民宇最近很忙。

불 좀 **꺼** 주세요.
请关上灯。

배가 **고파요**.
我饿了。

语法解析

词干以"ㅡ"结尾的动词或形容词遇到以元音"아"或"어"开头的词尾时，"ㅡ"要脱落，而后根据前面元音的不同，后面接的元音也不同：如果"ㅡ"前面的元音是"ㅏ"或"ㅗ"，后面的元音就为"ㅏ"，否则为"ㅓ"。此外，当词干是一个音节时，"ㅡ"脱落后，后面要接元音"ㅓ"。

바쁘다 + **-아요** → 바빠요.

因为"ㅡ"前面的元音是"ㅏ"，所以与"-아요"搭配。

예쁘다 + **-어서** → 예뻐서

因为"ㅡ"前面的元音是"ㅖ"，所以与"-어서"搭配。

크다 + **-었어요** → 컸어요

因为词干"크"是单音节，所以与"-었어요"搭配。

原形	-(스)ㅂ니다	-고	-아/어요	-았/었어요	-아/어서	아/어도
예쁘다 漂亮	예쁩니다	예쁘고	예뻐요	예뻤어요	예뻐서	예뻐도
바쁘다 忙	바쁩니다	바쁘고	바빠요	바빴어요	바빠서	바빠도
아프다 疼	아픕니다	아프고	아파요	아팠어요	아파서	아파도
(배가) 고프다 饿	(배가) 고픕니다	(배가) 고프고	(배가) 고파요	(배가) 고팠어요	(배가) 고파서	(배가) 고파도
크다 大	큽니다	크고	커요	컸어요	커서	커도
나쁘다 坏	나쁩니다	나쁘고	나빠요	나빴어요	나빠서	나빠도
쓰다 写；用	씁니다	쓰고	써요	썼어요	써서	써도
끄다 关	끕니다	끄고	꺼요	껐어요	꺼서	꺼도

对话

214

A 하미 씨, 지금 울어요?
B 네, 영화가 너무 슬퍼서 울고 있어요.

A 夏美，你在哭吗？
B 是的，电影太伤感了，所以我就哭了。

A 주말에 소풍 잘 갔다 왔어요?
B 아니요, 날씨가 나빠서 소풍을 못 갔어요.

A 你周末的郊游有意思吗？
B 别提了，天气不好，没去成。

A 어제 왜 학교에 안 왔어요?
B 배가 많이 아팠어요.
그래서 학교에 못 왔어요.

A 你昨天为什么没来学校？
B 肚子疼得厉害，
所以没来。

练习

请仿照例子，把下列单词改写为恰当的形式。

보기	시험을 못 봐서 기분이 **나빠요**. (나쁘다) -아/어요

(1) 공연을 볼 때는 핸드폰을 ____________ 주세요. (끄다)
-아/어

(2) 오늘 너무 ____________ 저녁 약속을 취소했어요. (바쁘다)
-아/어서

(3) 제 여자 친구는 저보다 키가 ____________. (크다)
-아/어요

(4) 요코 씨는 아이들이 세 명 있는데 모두 ____________. (예쁘다)
-아/어요

(5) 호앙 씨는 몸이 ____________ 항상 운동을 해요. (아프다)
-아/어도

(6) 남자 친구한테서 프러포즈를 받고 너무 ____________. (기쁘다)
-았/었어요

(7) A 어제 오후에 뭐 했어요?

B 부모님께 편지를 ____________. (쓰다)
-았었어요

(8) A 배가 ____________? (고프다)
-아/어요?

B 아니요, 배가 ____________. (고프다)
-지 않아요

(9) A 주희 씨는 참 예쁘지요?

B 얼굴은 ____________ 성격이 별로 안 좋아요. (예쁘다)
-지만

02 “ㄹ”的不规则变化

扫码获取音频与答案

215

아이가 혼자서 잘 **놉니다**.
孩子自己玩儿得很好。

백화점이 몇 시에 **여는지** 알고 싶어요.
我想知道商场几点开门。

지금 **만드는** 게 뭐예요?
你现在在做什么?

语法解析

词干以“ㄹ”结尾的所有动词和形容词在“ㄴ、ㅂ、ㅅ”前时，“ㄹ”要脱落。当以“ㄹ”结尾的动词和形容词与以“-으”开头的词尾结合时，虽然“ㄹ”是收音，但是通常把它当作元音对待，因此要省略“-으”。

팔다 + **-(으)려고** → 팔려고 [팔으려고 (×)]
만들다 + **-(으)세요** → 만드세요 [만들으세요 (×)]
알다 + **-(스)ㅂ니다** → 압니다 [알습니다 (×)]
살다 + **-는** → 사는 [살는 (×)]

原形	-아/어요	-(으)러	-(스)ㅂ니다	-(으)세요	-(으)ㅂ시다	-(으)니까	冠词形（现在时态）-(으)ㄴ/는
살다 生活	살아요	살러	삽니다	사세요	삽시다	사니까	사는
팔다 卖	팔아요	팔러	팝니다	파세요	팝시다	파니까	파는
만들다 做	만들어요	만들러	만듭니다	만드세요	만듭시다	만드니까	만드는
열다 打开	열어요	열러	엽니다	여세요	엽시다	여니까	여는
놀다 玩儿	놀아요	놀러	놉니다	노세요	놉시다	노니까	노는
알다 知道	알아요	-	압니다	아세요	압시다	아니까	아는
멀다 远	멀어요	-	멉니다	-	-	머니까	먼
달다 甜	달아요	-	답니다	-	-	다니까	단

以“ㄹ”结尾的形容词或动词后出现“-(으)ㄹ 때、-(으)ㄹ게요、-(으)ㄹ래요？”时，通常省略“-(으)ㄹ”，词干直接与“-때、-게요、-래요？”结合。

살다 + -(으)ㄹ 때 → 살 때　　　　만들다 + -(으)ㄹ래요? → 만들래요?

对话

216

A 살을 좀 빼고 싶어요.
B 그러면 케이크나 초콜릿 같은 단 음식을 먹지 마세요.

A 我想减肥。
B 那就不要吃蛋糕或巧克力这些甜食了。

A 컴퓨터를 어디에서 싸게 파는지 아세요?
B 용산에서 전자 제품을 싸게 파니까 가 보세요.

A 你知道哪里的电脑卖得便宜吗?
B 龙山的电子产品便宜，你去那里看看吧。

A 우리 집은 머니까 학교 다니기 힘들어요.
B 학교 근처로 이사 오는 게 어때요?

A 我们家离得远，上学很费劲。
B 搬到学校附近怎么样?

练习

请仿照例子，把下列单词改写为恰当的形式。

보기 재준 씨가 어디에서 __사는지__ 알아요? (살다)
-(으)ㄴ/는지

(1) 바라미 많이________창문을 좀 닫아 주세요. (불다)
-(으)니까

(2) 저기________아이가 제 동생이에요. (울다)
-(으)ㄴ/는

(3) 저 식당에서 우리나라 음식을________, 같이 먹으러 갈래요. (팔다)
-(으)ㄴ/는데

(4) 질문이 있으면 손을________. (들다)
-(으)세요

(5) 저는 학교 근처에서________. (살다)
-(스)ㅂ니다

(6) 외국 생활은________재미있어요. (힘들다)
-지만

(7) A 옆 반에 혹시________사람이 있어요? (알다)
-(으)ㄴ/ 는

B 제 고등학교 때 친구가 옆 반에 있는데, 왜요?

(8) A 에릭 씨를 언제 만났어요?

B 한국에________만났어요. (살다)
-(으)ㄹ 때

(9) A 이 치마 어때요? 하영 씨에게 잘 어울릴 것 같아요.

B 저는________치마를 안 좋아해요. (길다)
-(으)ㄴ/ 는

03 “ㅂ”的不规则变化

扫码获取音频与答案

217

커피가 **뜨거우니까** 조심하세요.
咖啡烫，小心点儿。

날씨가 **추워서** 집에 있었어요.
天气冷，所以我就待在家里了。

저는 **매운** 음식을 좋아해요.
我喜欢吃辣。

语法解析

词干以“ㅂ”结尾的部分动词和形容词遇到以元音开头的词尾时，“ㅂ”要变成“오”或“우”。变成“오”的动词只有“돕다（帮助）、곱다（美丽）”两个，其他都变成“우”。

쉽다 + **-어요** → 쉬우 + **-어요** → 쉬워요

돕다 + **-아요** → 도오 + **-아요** → 도와요

原形	-(스)ㅂ니다	-고	-아/어요	-아/어서	-(으)면	冠词形 -(으)ㄴ/는
쉽다 简单	쉽습니다	쉽고	쉬워요	쉬워서	쉬우면	쉬운
어렵다 难	어렵습니다	어렵고	어려워요	어려워서	어려우면	어려운
맵다 辣	맵습니다	맵고	매워요	매워서	매우면	매운
덥다 热	덥습니다	덥고	더워요	더워서	더우면	더운
춥다 冷	춥습니다	춥고	추워요	추워서	추우면	추운
무겁다 重	무겁습니다	무겁고	무거워요	무거워서	무거우면	무거운
*돕다 帮助	돕습니다	돕고	**도와요**	**도와서**	**도우면**	**도운**

"좁다 (窄)、입다 (穿)、씹다 (嚼)、잡다 (抓)" 等词的词干虽然以 "ㅂ" 结尾，但是不发生上述变化。

原形	-(스)ㅂ니다	-고	-아/어요	-아/어서	-(으)면	冠词形 -(으)ㄴ/는
입다 穿	입습니다	입고	입어요	입어서	입으면	입는
좁다 窄	좁습니다	좁고	좁아요	좁아서	좁으면	좁은

对话

218

A 어떤 영화를 좋아하세요?
B 저는 무서운 영화를 좋아해요.

A 你喜欢什么样的电影?
B 我喜欢恐怖电影。

A 음식이 싱거운데 소금 좀 주세요.
B 여기 있습니다.

A 这道菜味道挺淡的，给我点儿盐吧。
B 给。

A 아이가 누구를 닮았어요? 정말 귀여워요.
B 감사합니다. 엄마를 많이 닮았어요.

A 这孩子长得像谁？真可爱！
B 谢谢，孩子长得像他妈妈。

练习

请仿照例子，把下列单词改写为恰当的形式。

> 보기 A 왜 음악을 껐어요?
> B **시끄러워서** 껐어요. (시끄럽다)
> -아/어서

(1) A 가방이 무거워요?
B 아니요, ________________. (가볍다)
-아/어요

(2) A 숙제가________________좀 도와주시겠어요? (어렵다)
-(으)ㄴ/는데
B 네, 알겠어요.

(3) A 날씨가________________따뜻한 음식을 먹으러 가요. (춥다)
-(으)니까
B 네, 좋아요.

(4) A 기사 아저씨, 저기 앞에서 세워 주실 수 있어요?
B 저기는 길이________________자동차가 못 들어가요. (좁다)
-아/어서

(5) A 이 음식이 정말 맵지요?
B 음식이________________맛있어요. (맵다)
-지만

(6) A 한국어 배우기가 어때요?
B 생각보다________________재미있어요. (쉽다)
-고

(7) A 그 옷을________________멋있네요. (입다)
-(으)니까
B 그래요? 감사합니다.

04 "ㄷ"的不规则变化

扫码获取音频与答案

219

음악을 **들으면서** 운동해요.
他边听音乐边运动。

돈이 없어서 **걸어서** 갔어요.
因为没有钱，所以我是走着去的。

그 여자에게 전화번호를 **물어봤어요**.
我向那个女生要了电话号码。

语法解析

词干以"ㄷ"结尾的部分动词后如果出现以元音开头的词尾，"ㄷ"要变成"ㄹ"。

듣다 + **-어요** → 들어요　　　걷다 + **-을 거예요** → 걸을 거예요

原形	-(스)ㅂ니다	-고	-아/어요	-았/었어요	-(으)세요	-(으)ㄹ까요?	-(으)면
듣다 听	듣습니다	듣고	들어요	들었어요	들으세요	들을까요?	들으면
묻다 问	묻습니다	묻고	물어요	물었어요	물으세요	물을까요?	물으면
걷다 走	걷습니다	걷고	걸어요	걸었어요	걸으세요	걸을까요?	걸으면

虽然“닫다、받다、믿다”的词干以“ㄷ”结尾，但是不发生上述变化。

原形	-(스)ㅂ니다	-고	-아/어요	-았/었어요	-(으)세요	-(으)ㄹ까요?	-(으)면
닫다 关	닫습니다	닫고	닫아요	닫았어요	닫으세요	닫을까요?	닫으면
받다 收	받습니다	받고	받아요	받았어요	받으세요	받을까요?	받으면

对话

220

A 캐럴 씨, 날씨가 좋은데 밖에 나가서 좀 걸을까요?
B 네, 좋아요.

A 卡罗尔，天气不错，我们出去走走吧？
B 好的。

A 이 노래 들어 봤어요? 정말 좋아요.
B 그래요? 누구 노래인데요?

A 你听过这首歌吗？真的很好听。
B 是吗？是谁的歌？

练习

请仿照例子，把下列单词改写为恰当的形式。

보기 A 학교에 어떻게 가요?
B 걸어서 가요. (걷다)
-아/어서

(1) A 내일 같이 영화 볼까요?
B 좋아요. 제가 에릭 씨에게도 내일 시간이 있는지 ______ 볼게요. (묻다)
-아/어

(2) A 어떻게 하면 한국어 듣기가 좋아질까요?
B 한국 드라마와 영화도 많이 보고, 한국어 노래도 많이 ______. (듣다)
-(으)세요

(3) A 어제 많이 ______ 다리 안 아파요? (걷다)
-았/었는데
B 평소에 많이 ______ 괜찮아요. (걷다)
-아/어서

(4) A 백화점이 몇 시에 문을 ______? (닫다)
-아/아요
B 보통은 8시에 ______ 세일 기간에는 9시까지 열어요. (닫다)
-(으)ㄴ/는데

05 "르"的不规则变化

扫码获取音频与答案

221

댄 씨는 노래를 잘 **불러서** 인기가 많아요.
戴恩歌唱得好，很受大家欢迎。

출근 시간에는 지하철이 버스보다 **빨라요**.
上班时，坐地铁比坐公交车快。

저는 영어를 **몰라요**.
我不懂英语。

语法解析

词干以“르”结尾的大部分动词和形容词后出现以“아”或“어”开头的词尾时，“르”中的“一”要脱落，同时在前面添加一个“ㄹ”，变成“ㄹ ㄹ”。

다르다 + -아요 → 다르다 + ㄹ + 아요 → 달라요
부르다 + -어요 → 부르다 + ㄹ + 어요 → 불러요

原形	-(스)ㅂ니다	-고	-(으)면	-아/어요	-았/었어요	-아/어서
다르다 不同	다릅니다	다르고	다르면	달라요	달랐어요	달라서
빠르다 快	빠릅니다	빠르고	빠르면	빨라요	빨랐어요	빨라서
자르다 剪	자릅니다	자르고	자르면	잘라요	잘랐어요	잘라서

(续表)

原形	-(스)ㅂ니다	-고	-(으)면	-아/어요	-았/었어요	-아/어서
모르다 不知道	모릅니다	모르고	모르면	몰라요	몰랐어요	몰라서
부르다 叫，唱	부릅니다	부르고	부르면	불러요	불렀어요	불러서
기르다 养	기릅니다	기르고	기르면	길러요	길렀어요	길러서

对话

222

A 준호 씨, 머리 잘랐어요? 멋있네요.
B 그래요? 고마워요.

A 俊浩，你理发了吗？很帅呀！
B 是吗？谢谢。

A 에릭 씨와 제이슨 씨는 쌍둥이인데 얼굴이 안 닮았어요.
B 네, 성격도 많이 달라요.

A 埃里克和杰森是双胞胎，可是长得并不像。
B 是啊，性格也很不一样。

练习

请仿照例子，把下列单词改写为恰当的形式。

보기 A 더 드세요.
B 배가 **불러서** 더 못 먹겠어요. (부르다)
-아/어서

(1) A 이 노래 부를 수 있어요?
B 아니요, 노래가 너무 ________ 못 불러요. (빠르다)
-아/어서

(2) A 중국의 결혼식은 한국과 비슷해요?
B 아니요, 많이 ________. (다르다)
-아/어요

(3) A 한국말을 잘하시네요.
B 아니에요, 아직도 한국말이 ________ 실수를 많이 해요. (서투르다)
-아/어서

(4) A 벨을 여러 번 ________ 아무도 안 나와요. (누르다)
-았/었는데

B 이상하네요. 소냐 씨가 오늘 집에 있겠다고 했는데…….

06 “ㅎ”的不规则变化

扫码获取音频与答案

223

백설공주는 머리는 **까맣고** 피부는 **하얘요**.
白雪公主头发乌黑，皮肤雪白。

왕비는 백설 공주에게 **빨간** 사과를 줬어요.
王后给了白雪公主一个红苹果。

왕자는 크고 **파란** 눈으로 공주를 봤어요.
王子用他又大又蓝的眼睛注视着公主。

语法解析

词干以“ㅎ”结尾的形容词出现在以元音开头的词尾前时，“ㅎ”要脱落。

1 以“ㅎ”结尾的形容词词干后出现以“아、어”之外的元音开头的词尾时，“ㅎ”要脱落。

하얗다 + **-(으)ㄴ** → 하얀　　　　까맣다 + **-(으)니까** → 까마니까

2 以“ㅎ”结尾的形容词词干后出现以“아”或“어”开头的词尾时，“ㅎ”要脱落并在词干上添加“ㅣ”。

까맣다 + **-아서** → 까마 + ㅣ + **-아서** → 까매서
하얗다 + **-아요** → 하야 + ㅣ + **-아요** → 하얘요

原形	-(스)ㅂ니다	-고	-(으)면	-(으)ㄴ/는	-아/어요	-았/었어요	-아/어서
까맣다 黑	까맣습니다	까맣고	까마면	까만	까매요	까맸어요	까매서
노랗다 黄	노랗습니다	노랗고	노라면	노란	노래요	노랬어요	노래서
파랗다 蓝	파랗습니다	파랗고	파라면	파란	파래요	파랬어요	파래서
빨갛다 红	빨갛습니다	빨갛고	빨가면	빨간	빨개요	빨갰어요	빨개서
하얗다 白	하얗습니다	하얗고	하야면	하얀	하얘요	하얬어요	하얘서
이렇다 这样	이렇습니다	이렇고	이러면	이런	이래요	이랬어요	이래서
그렇다 那样	그렇습니다	그렇고	그러면	그런	그래요	그랬어요	그래서
저렇다 那样	저렇습니다	저렇고	저러면	저런	저래요	저랬어요	저래서
어떻다 怎么样	어떻습니다	어떻고	어떠면	어떤	어때요	어땠어요	어때서

虽然“좋다 (好)、많다 (多)、낳다 (生)、넣다 (放入)”等的词干以“ㅎ”结尾，但是不发生上述变化。

原形	-(스)ㅂ니다	-고	-(으)면	-(으)ㄴ/는	-아/어요	-았/었어요	-아/어서
낳다	낳습니다	낳고	낳으면	낳는	낳아요	낳았어요	낳아서
좋다	좋습니다	좋고	좋으면	좋은	좋아요	좋았어요	좋아서

对话

224

A 보세요! 가을 하늘이 정말 파래요.
B 하늘은 파랗고 구름은 하얘서 그림 같아요.

A 你看！秋天的天空真蓝。
B 蓝天、白云，就像一幅画一样。

A 얼굴이 많이 까매졌네요.
B 휴가 때 바다에 갔다 와서 그래요.

A 你的脸黑了很多呀。
B 因为假期去了趟海边。

A 파란 티셔츠 입은 남자가 누군지 아세요?
B 네, 제 동생이에요. 관심 있어요?

A 你认识那个穿蓝色T恤衫的男生吗？
B 认识，他是我弟弟，你对他感兴趣？

小贴士

“이렇다、그렇다、저렇다、어떻다”后面出现以“아”或“어”开头的词尾时，不是变成“이레、그레、저레、어떼”，而是要变成“이래、그래、저래、어때”。

- 날씨가 어떼요? (×) → 날씨가 **어때**요? (√) 天气怎么样?
- 에릭 씨는 안 간다고 그렜어요. (×) → 에릭 씨는 안 간다고 **그랬**어요. (√)
  埃里克说他不去。

练习

看图并用单词的合适形式填空。

（1）

A 혹시 티루엔 씨가 누군지 아세요?

B 네, 저기____________정장을 입은 사람이에요. (노랗다)

-(으)ㄴ/는

（2）

A 댄 씨가 술을 많이 마신 것 같아요.

B 맞아요. 지금 얼굴이____________. (빨갛다)

-아/어요

（3）

A 눈이 많이 왔네요!

B 네, 눈 때문에 세상이 다____________. (하얗다)

-아/어요

（4）

A 어머, 캐럴 씨 머리 바꿨네요.

B 네, 요즘____________머리가 유행이에요. (이렇다)

-(으)ㄴ/는

（5）

A ____________색을 좋아해요? (어떻다)

-(으)ㄴ/는

B 저는____________색을 좋아해요. (까맣다)

-(으)ㄴ/는

07 “ㅅ”的不规则变化

扫码获取音频与答案

225

모기가 물어서 눈이 **부었어요**.
我眼睛被蚊子叮了，所以肿了。

컵에 커피와 크림, 설탕을 넣고 **저어요**.
把咖啡、奶油和糖放在杯子里，然后搅拌。

어느 옷이 더 **나아요**?
哪件衣服更好看？

语法解析

词干以“ㅅ”结尾的部分动词和形容词之后出现以元音开头的词尾时，“ㅅ”要脱落。

잇다 + **-어요** → 이어요　　　　짓다 + **-을 거예요** → 지을 거예요

原形	-(스)ㅂ니다	-고	-아/어요	-았/었어요	-아/어서	-(으)면
잇다 连接	잇습니다	잇고	이어요	이었어요	이어서	이으면
낫다 治愈；更好	낫습니다	낫고	나아요	나았어요	나아서	나으면
붓다 肿；倒	붓습니다	붓고	부어요	부었어요	부어서	부으면

(续表)

原形	-(스)ㅂ니다	-고	-아/어요	-았/었어요	-아/어서	-(으)면
긋다 画（线）	긋습니다	긋고	그어요	그었어요	그어서	그으면
젓다 搅	젓습니다	젓고	저어요	저었어요	저어서	저으면
짓다 取（名字），建，写	짓습니다	짓고	지어요	지었어요	지어서	지으면

虽然“벗다 (脱)、웃다 (笑)、씻다 (洗)”等的词干以“ㅅ”结尾，但是不发生上述变化。

原形	-(스)ㅂ니다	-고	-아/어요	-았/었어요	-아/어서	-(으)면
웃다	웃습니다	웃고	웃어요	웃었어요	웃어서	웃으면
씻다	씻습니다	씻고	씻어요	씻었어요	씻어서	씻으면

对话

226

A 아이 이름을 누가 지었어요?
B 할아버지가 지어 주셨어요.

A 谁给孩子取的名字?
B 爷爷取的。

A 감기 다 나았어요?
B 네, 이제 괜찮아요.

A 你感冒好了吗?
B 是的，现在好了。

A 이 단어는 중요하니까 단어 밑에 줄을 그으세요.
B 네, 알겠습니다.

A 这个单词很重要，请在单词下面画横线。
B 好的，知道了。

小贴士

韩国语中两个元音在一起时，通常会发生缩略现象，如“배우+ 어요 → 배워요”。但是对于发生“ㅅ”不规则变化的情况，“ㅅ”脱落后，即使两个元音在一起也不发生缩略。

- 짓다 + -어요 → **지어요** (√) / 져요 (×)
- 낫다 + -아요 → **나아요** (√) / 나요 (×)

练习

请仿照例子，把下列单词改写为恰当的形式。

보기	이 노래를 누가 **지었어요**? (짓다) -았/었어요

(1) 어제 밤에 라면을 먹고 자서 얼굴이 많이__________. (붓다)
-았/었어요

(2) 커피를 잘__________드세요. (젓다)
-아/어서

(3) 지금 회사보다 더__________곳에서 일하고 싶어요. (낫다)
-(으)ㄴ/는

(4) 저기 지금__________있는 건물이 뭐예요? (짓다)
-고

(5) 제니퍼 씨는__________때 참 예뻐요. (웃다)
-(으)ㄹ

(6) 피터 씨의 한국말보다 요코 씨의 한국말이 더__________. (낫다)
-아/어요

(7) 저는 중요한 문장에 밑줄을__________공부를 합니다. (긋다)
-(으)면서

(8) 과일을__________드세요. (씻다)
-아/어서

(9) 옷을__________후에 저 옷걸이에 거세요. (벗다)
-(으)ㄴ

(10) 커피 잔에 물을__________. (붓다)
-(으)세요

附录

■ 相似语法比较

■ 语法索引

相似语法比较

1. 指示代词

A 이것이 무엇입니까?
这是什么？

B 이것은 연필입니다.
这是铅笔。

A 그것이 무엇입니까?
那是什么？

B 이것은 가방입니다.
这是包。

A 저것이 무엇입니까?
那是什么？

A 저것은 시계입니다.
那是表。

“이 / 그 / 저”通常接在名词前指代某个物体或场所。当物体或场所离说话人较近时，用“이”；离听话人较近时，用“그”；同时远离说话人和听话人时，用“저”。

	离说话人较近	离听话人较近	同时远离说话人和听话人
	이	그	저
物体	**이**것	**그**것	**저**것
人	**이** 사람/**이** 분	**그** 사람/**그** 분	**저** 사람/**저** 분
场所	**이**곳 (여기)	**그**곳 (거기)	**저**곳 (저기)

“이것、그것、저것”后面接助词“이”时，分别变为“이것이、그것이、저것이”，在口语中通常缩略为“이게、그게、저게”，后面接助词“은”和“을”时，也发生同样的缩略现象。

이것이 → 이게	이것은 → 이건	이것을 → 이걸
그것이 → 그게	그것은 → 그건	그것을 → 그걸
저것이 → 저게	저것은 → 저건	저것을 → 저걸

A **이건** 뭐예요? 这是什么？
B **이건** 꽃이에요. 这是花。

A 너무 커요. **이걸** 어떻게 먹어요? 太大了，这个怎么吃呀？
B 그럼 **저게** 작으니까 **저걸** 드세요. 那就吃那个吧，那个小。

指示代词还可以用于指代前文中已经提过的某物或某人。

어제 동대문 시장에 갔어요. 我昨天去东大门市场了，
거기는 예쁜 옷이 아주 많았어요. 那里有很多漂亮的衣服。
(= 동대문 시장) （= 东大门市场）

지난주에 댄 씨를 만났어요 我上周见到戴恩了，
그 분은 아주 친절했어요. 他很亲切。
(= 댄 씨) （= 戴恩）

2. 时间副词

01 **아직** 还（没），仍然 / **이미** 已经（先前）/ **벌써** 已经（太快）

（1）"아직" 表示发生某事或达到某种状态之前还需要很长时间，通常与否定形一起使用。

A 밥 먹었어요? 你吃饭了吗？

B 아니요, **아직** 안 먹었어요. 没有，还没吃。

（2）"아직" 还可以表示某件事或某种状态仍在进行中，尚未结束。

A 숙제 다 했어요? 你作业都做完了吗？

B 아니요, **아직** 하고 있어요. 没有，还在做。
조금만 더 하면 끝나요. 再过一会儿就做完了。

이미 已经（先前）	벌써 已经（太快）
表示某事已经彻底完成或已经成为过去。	表示某事发生得比预料的快。
A 지금 가면 영화를 볼 수 있을까요? 现在去还能看上电影吗？ B 아니요, 지금 6：40분이에요. **이미** 늦었으니까 9시 영화를 봅시다. 不能了，现在 6 点 40 了， 已经晚了，我们看 9 点的电影吧。	A 저녁에 뭐 먹고 싶어요? 你晚上想吃什么？ B 저녁 먹었는데요. 我已经吃过晚饭了。 A 5시인데 **벌써** 먹었어요? 现在才 5 点，你就已经吃完了吗？

(续表)

이미 已经 (先前)	벌써 已经 (太快)
表示某事已经彻底完成或已经成为过去。	表示某事发生得比预料的快。
A 댄 씨를 만나고 싶은데 지금 한국에 있어요? 我想跟戴恩见个面，他现在在韩国吗? B **이미** 미국으로 떠났어요. 他已经去美国了。 **戴恩已经去美国了，所以即使有人想见他也见不到了。**	A 댄 씨를 만나고 싶은데 지금 한국에 있어요? 我想跟戴恩见个面，他现在在韩国吗? B 지난주에 미국으로 떠났어요. 他上周去美国了。 A **벌써** 떠났어요? 已经走了? **戴恩离开美国的时间比之前预料的早。**

02 지금 现在 / 이제 (从) 现在 / 요즘 最近

지금 现在	이제 (从) 现在
指说话人说话的当下。	虽然意思是“现在”，但是含有“从现在开始”之义。
A **지금** 뭐하고 있어요? 你在干什么? B 음악을 듣고 있어요. 我在听音乐。 可以与表示现在进行时的 “-고 있다”搭配。 • **지금** 공부하**고 있**어요. (√) 我在学习。 • (正在做其他事时) 자, 지금 일합시다. (×)	A **이제** 그 식당에 안 갈 거예요. 我再也不去那家餐厅了。 B 왜요? 음식이 맛이 없어요? 为什么? 他家的菜不好吃吗? 不能与表示现在进行时的“-고 있다”结合。 • 이제 공부하고 있어요. (×) • (正在做其他事时) 자, **이제** 일합시다. (√) 好，现在开始工作吧。

“요즘”表示从不久之前到现在的时间段。

A **요즘** 피곤하세요? 你最近累吗?
B 네, 조금 피곤해요. 是的，有点儿累。

A **요즘** 어떤 헤어스타일이 유행이에요? 最近流行什么发型?
B 단발머리가 유행이에요. 流行短发。

03 **먼저** 先 / **아까** 刚才 / **이따가** 过一会儿 / **나중에** 以后

“먼저”表示时间顺序上在先。

A 나탈리아 씨, 점심 안 먹어요? 娜塔莉，你不吃午饭吗？
B 저는 지금 할 일이 있으니까 **먼저** 드세요. 我现在有点儿事，你先吃吧。

A 민우 씨는 갔어요? 民宇走了吗？
B 네, 약속이 있어서 **먼저** 갔어요. 是的，他有约，所以先走了。

“아까”表示同一天内不久之前的某个时间。

A 댄 씨 봤어요? 你看到戴恩了吗？
B **아까** 도서관에 가는 거 봤어요. 刚才我看见他去图书馆了。

A **아까** 커피숍에서 인사한 사람이 누구예요? 你刚才在咖啡馆打招呼的人是谁？
B 대학교 때 후배예요. 是我大学时候的师弟（师妹）。

이따가 过一会儿	나중에 以后
表示短时间之后。	表示短时间之后，并且要在某人已经完成其他任务之后。既可以指当天的某个时间，也可以指将来的某个时间。
A 오늘 영화 보러 갈 거야? 你今天去看电影吗？ B 응, **이따가** 갈 거야. 去，一会儿就走。 A 오늘 모임에 와요? 你参加今天的聚会吗？ B 네, **이따가** 만나요. 参加，一会儿见。 **对话双方将在短时间之后的今天之内见面。** A 언제 결혼할 거예요? 你什么时候结婚？ B **이따가** 결혼할 거예요. (×)	A 여보세요? 댄 씨, 지금 전화할 수 있어요? 喂？戴恩，现在方便接电话吗？ B 미안해요. 지금 바쁘니까 **나중에** 전화할게요. 对不起，我现在正在忙，一会儿我打给您。 A 오늘 모임에 와요? 你参加今天的聚会吗？ B 아니요, 못 가요. 우리 **나중에** 만나요. 去不了，以后再说吧。 **不是指今天的某个时间，而是指要在将来的某个时间见面。**

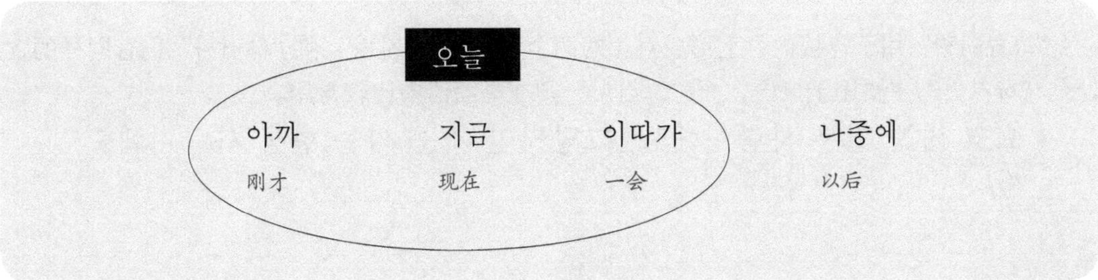

3. 频率副词

항상 · 언제나

자주

가끔

거의 ~ 지 않다

전혀 ~ 지 않다

항상 · 언제나 常常 / **자주** 经常 / **가끔** 偶尔
거의 ~지 않다 几乎不 / **전혀 ~지 않다** 完全不

"늘 (항상 · 언제나)、자주、가끔" 主要用于肯定句，而 "별로、전혀" 则主要用于否定句。

- 저는 매일 아침에 운동해요. **항상(언제나)** 운동해요. 我每天晨练，一直运动。
- 저는 일주일에 4번 운동해요. **자주** 운동해요. 我一周运动四次，经常锻炼身体。
- 저는 일주일에 한 번 운동해요. **가끔** 운동해요. 我一周运动一次，偶尔锻炼。
- 저는 한 달에 한 번 운동해요. **거의** 운동을 하지 않아요.
  我一个月运动一次，几乎不怎么锻炼。
- 저는 운동을 싫어해요. **전혀** 운동을 하지 않아요. 我不喜欢运动，从来不锻炼。

4. 接续副词

01

그리고 并且

"그리고" 用于连接两个并列关系或时间上有先后关系的句子。

- 하영 씨는 날씬해요. **그리고** 예뻐요. 夏英很苗条，而且很漂亮。
- 농구를 좋아해요. **그리고** 축구도 좋아해요. 我喜欢篮球，也喜欢足球。
- 주말에 친구를 만났어요. **그리고** 같이 영화를 봤어요.
  我周末见了朋友，然后一起看了电影。

02

그렇지만 但是

"그렇지만" 用于连接内容上形成对比的两个句子。"하지만" 和 "그러나" 也有同样的含义，但是 "하지만" 主要用于口语，而 "그러나" 则在书面语中比较常用。

- 요코 씨는 일본 사람이에요. **그렇지만** 재준 씨는 한국 사람이에요.
  洋子是日本人，才俊是韩国人。

- 한국어는 영어와 다릅니다. **그러나** 배우기 어렵지 않습니다.
  韩国语跟英语不同，学起来并不难。
- 고기를 좋아해요. 하지만 **야채는** 안 좋아해요.
  我喜欢吃肉，但是不喜欢蔬菜。

03 그래서 因此，所以

"그래서"用于连接有因果关系的两个句子，表示前句是后句的原因或理由。

A 어디 아파요? 你哪里不舒服？

B 어제 술을 많이 마셨어요. **그래서** 머리가 아파요.
我昨天喝了很多酒，所以现在头疼得厉害。

A 왜 차가 안 가요? 车怎么不走呢？

B 주말이에요. **그래서** 길이 막혀요. 今天是周末，路上堵。

- 외국 사람입니다. **그래서** 한국말을 못합니다. 我是外国人，所以不会说韩国语。

04 그러니까 因此，所以

"그러니까"表示前句是后句必然的或自然的理由。通常，"그러니까"之后接"-(으)세요、-(으)ㅂ시다、-아/어야 하다、-(으)ㄹ 거다"等终结词尾。

- 비가 와요. **그러니까** 우산을 가져가세요. 下雨了，带上雨伞吧。
- 이 영화는 재미없어요. **그러니까** 다른 영화를 봅시다.
  这部电影没意思，我们看其他的电影吧。
- 한국 대학교에 입학하고 싶어요. 그리고 한국 회사에 취직해서 한국에서 살고 싶어요. **그러니까** 한국말을 열심히 공부할 거예요.
  我想进韩国的大学，然后到韩国公司工作并在韩国生活，所以我得努力学习韩国语。

A 여보, 우리 차가 있는데 왜 버스를 타요?
老公，我们自己有车，为什么还要坐公交车呢？

B 자동차가 고장 났어요. **그러니까** 버스를 타야 해요.
车坏了，所以得坐公交车。

05 그러면 那么，那样的话

“그러면”表示前句是后句的前提或假设，在口语中通常使用缩略形式“그럼”。

A 점심시간이에요. 배가 고파요. 午饭时间到了，肚子好饿。

B **그러면** (=**그럼**) 같이 식당에 가서 식사할까요? 那一起去吃饭吧?

A 한국말을 잘하고 싶어요. 我想说好韩国语。

B 그래요? **그러면** 한국 친구를 사귀세요. 是吗? 那就多认识一些韩国朋友吧。

- 나는 피곤할 때 목욕을 해요. **그러면** 기분이 좋아져요.
  我累的时候会洗个澡，心情就会变好。

06 그런데 但是，可是

“그런데”表示前句是后句的背景。

（1）可以表示前后两个句子形成对照，此时与“그렇지만”的意思一样。

- 아버지는 키가 작아요. **그런데** 아들은 키가 커요.
  爸爸个子矮，可是儿子个子高。

（2）可以表示前句为后句提供相关的背景信息。

- 어제 명동에 갔어요. **그런데** 거기에서 영화배우를 봤어요.
  昨天我去明洞了，在那里见到了电影明星。

（3）可以表示说话人不再继续讨论现在的话题，而是转移到其他的话题上。

A 올해 나이가 어떻게 되세요? 您今年多大了?

B 네?……저, **그런데** 지금 몇 시예요? 什么? ……哦，现在几点了?

07 그래도 即便是那样，尽管如此

“그래도”表示不论前句内容是什么，后句都成立。

- 아까 밥을 많이 먹었어요. **그래도** 배가 고파요.
  我刚才吃了很多，即便如此，我还是很饿。
- 5년 동안 한국에서 살았어요. **그래도** 아직 한국말을 잘 못해요.
  我在韩国生活了5年，但即便是这样，我的韩国语仍然说得不好。
- 그 여자는 나를 좋아하지 않아요. **그래도** 나는 그 여자를 좋아해요.
  那个女孩不喜欢我，即便是这样，我还是喜欢她。

语法索引